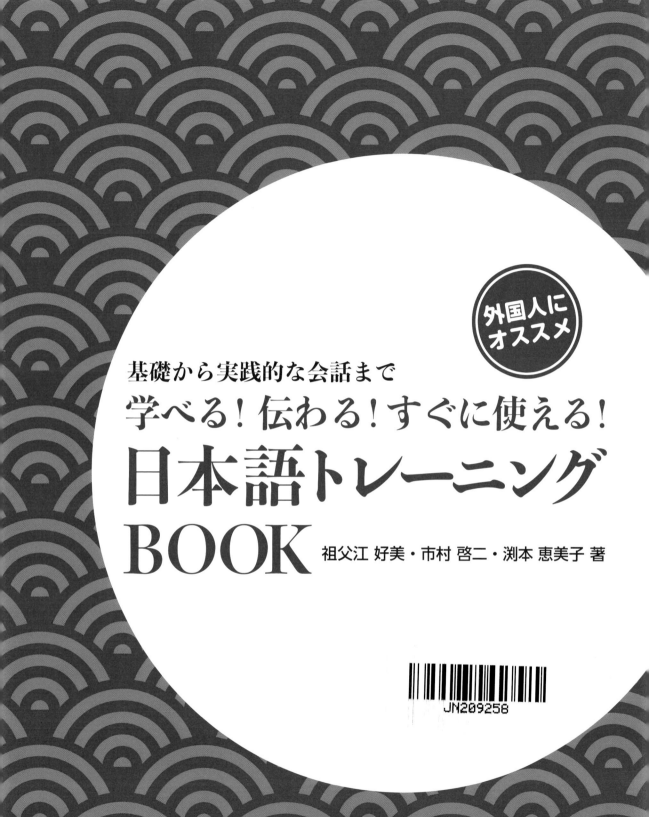

基礎から実践的な会話まで
学べる！伝わる！すぐに使える！
日本語トレーニング BOOK

祖父江 好美・市村 啓二・渕本 恵美子 著

外国人にオススメ

はじめに

本書は、これから日本企業で働きたいと考えている外国人の方を対象としています。日本のビジネスシーンで、日本人としっかりコミュニケーションを取るためには、日本人が聞き取りやすい「日本語」をマスターすることが必要です。単語や文法だけではなく「音」として、伝わる「日本語」を身に付けましょう。

まずは発音、リズム、音の高低を徹底的に習得することで、聴きやすい日本語に明確に変化します。さらに顔と声の表情を付けることによって相手に思いが伝わる話し方ができるようになります。後半は、ビジネスシーンでよく使われる会話・やりとりの内容です。日本人に一回で聞き取ってもらえるような発音を「会話」で学んでいきます。就職活動だけでなく、就職後、あるいは現在のアルバイト先でも役に立つ例文を取り入れました。明日から自信を持って会話ができるよう、積極的に練習していきましょう。

発音は、時間をかけて練習すれば必ず上達します。ぜひ、日々の練習に活用していただき、より円滑なコミュニケーションに役立てていただけると幸いです。

著者一同

目次

はじめに	3
このテキストの効果	6
このテキストの使い方	7

STEP 1　基礎

ボイスサンプル

1-1	準備体操	10
1-2	正しい母音の発声	14
1-3	日本語のリズムに慣れる	20
	促音…22／撥音…24／長音…26／拗音…28	
コラム1	「母音の無声化」	32

STEP 2　応用

ボイスサンプル

2-1	音感を鍛える	36
2-2	滑舌練習	38
2-3	カタカナに慣れる	46
コラム2	「オノマトペ」	50

STEP 3　実践

ボイスサンプル

3-1	あいさつ	52
	基本のあいさつ…53／ビジネスシーンのあいさつ…54	

よく使うビジネスフレーズ…57

3-2 あいづち ………………………………………………………… 58

3-3 ロールプレイング ……………………………………………… 60

電話を受ける・掛ける…60 ／電話：アポイント…63

電話：伝言する…65 ／電話：就職活動①…67

電話：就職活動②…69 ／電話：アルバイト先に連絡する…71

友達との会話①…73 ／友達との会話②…75 ／先生との会話…78

先生に相談する…80 ／自己紹介する…83 ／来客への対応…86

名刺交換…88 ／商談…90 ／職場内の上司とのやりとり…92

職場内の同僚とのやりとり…94 ／上司に相談…96 ／お礼を言う…98

お詫びをする…100 ／場所を尋ねる…102 ／ショッピングで…105

注文をとる（レストラン）…108 ／会計時（コンビニエンスストア）…111

会計時（飲食店）…113

コラム3 「かねます言葉」（ビジネスマナー） ……………………… 116

STEP 4　挑戦

ボイスサンプル

4-1 自己紹介 …………………………………………………………… 118

4-2 自己PR …………………………………………………………… 120

4-3 原稿を読む ……………………………………………………… 122

送辞と答辞…126

4-4 プレゼンテーション …………………………………………… 130

コラム4 「ういろう売り」 ……………………………………………… 134

このテキストの効果

新しい言語を身に付けることは簡単ではありません。また来日前に母国で日本語を学んだ場合、日本人が聞き取れない癖のある日本語を身に付けていることが多々あります。そういうときは、もう一度正しい日本語を学び直す必要があります。その場合、初めて日本語を学ぶ学習者と比べると、結果が出るまでに時間がかかります。しかし日々の練習で必ず習得することができます。諦めず続けていくと半年を境に上達していきます。（下図）

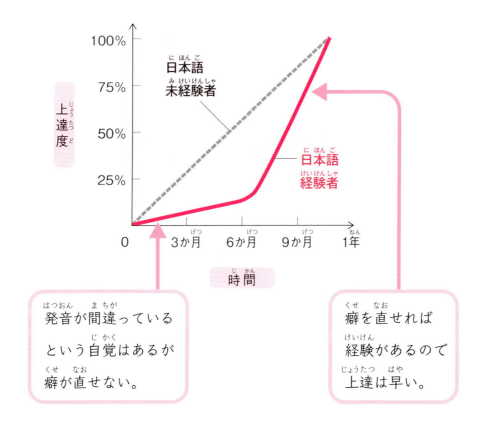

上達のコツは正しい日本語を聞いて耳を鍛え、積極的に話すことです。最初は自信がないと思いますが、恥ずかしがらずに挑戦してください。

本書は4つのステップに分かれています。

☐☐☐☐ **STEP1 基礎**

「あいうえお」からはじまり、発声の仕組みや練習法を学びます。

☐☐☐☐ **STEP2 応用**

音の高低を意識することで、より正確で美しい日本語の発音を身に付けます。

☐☐☐☐ **STEP3 実践**

ビジネスシーンや日常生活のロールプレイングを通して「相手に自分の気持ちを伝える」ことに重点を置き練習します。

☐☐☐☐ **STEP4 挑戦**

日本語の長文を読解し、声に出して読むことで「本当の日本語」を身に付けます。

ステップ1「基礎」とステップ2「応用」は課題をクリアしたら終わりとせず、日々の日本語練習前のウォーミングアップとして活用してください。

7

「ボイスサンプル」について

本書内にあるQRコードを読み込むと「ボイスサンプル」を利用できます。音声を聴き正しい発音の練習をしましょう。

■ 練習方法

❶ ボイスサンプルをよく聴く
❷ ボイスサンプルの真似をして発声する
❸ 自分の声を録音する
❹ 録音した自分の声をボイスサンプルと比較する

❶〜❹を繰り返して自信がついたら学校の先生や、あなたの近くの日本人に自分の発音を聞いてもらいましょう。

■ ボイスサンプルの聴き方

❶ 目次、または各STEPの扉から、QRコードを読み取ってください。

❷ 読み取ったQRコードからyoutubeチャンネルへすすみ、再生リストから聴きたいボイスサンプルを選んでください。

❸ 音声マーク（　）が付いているボイスサンプルを聴くことができます。

STEP 1

基礎
_き _そ

ボイスサンプル

―― このステップの目標(もくひょう) ――

日本語(にほんご)の基礎(きそ)は「あ、い、う、え、お」です。発声(はっせい)の仕組(しく)みや練習法(れんしゅうほう)を学(まな)び、毎日(まいにち)必(かなら)ず繰(く)り返(かえ)すようにしましょう。

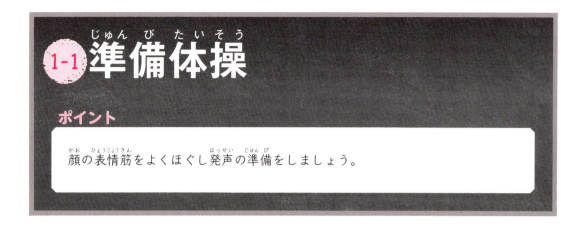

1-1 準備体操

ポイント

顔の表情筋をよくほぐし発声の準備をしましょう。

伝えたいことをしっかりと相手に届けるためには、発声・発音だけではなく、話すときの「表情」も大切です。アメリカの心理学者アルバート・メラビアンは、「人が相手を判断するとき、表情や声のトーン等の非言語情報が与える印象は、言葉そのものよりも大きい」ということを提唱しています。(※メラビアンの法則)

例えば、正しく美しい発音で「あなたはとても魅力的な人ですね」と言われたとき、相手がその言葉を無表情で発していたら、うれしい気持ちにはなれないということなのです。

「発声・発音・表情」の3つのポイントを押さえ、しっかりと相手に届く「言葉」を発信していきましょう。

実践してみよう!!

以下のトレーニングを定期的に行い、いつでもきれいな発音ができるようになりましょう。

表情トレーニング

❶ 眉毛の上げ下げ

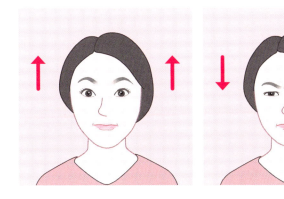

❷ 目
● 黒目を上下に動かす

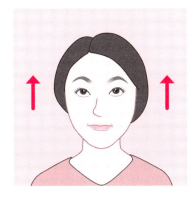 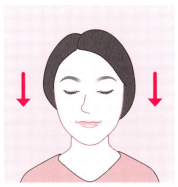

● 黒目を左右に動かす

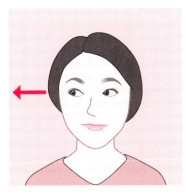 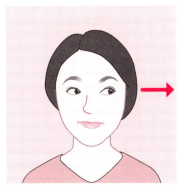

❸口角
- 右斜め上に上げる
 ➡ 左斜め上に上げる

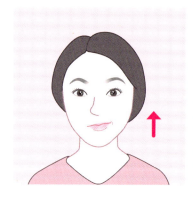 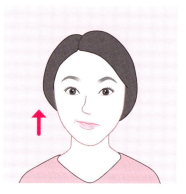

- 「ウイウイ」の口の形

❹笑顔
- 20秒間キープ

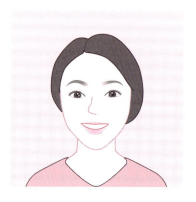

表情筋がほぐれたら、次は「発声・発音」です。
まずは、発声のしくみを理解しましょう。

発声のしくみ

❶呼吸
横隔膜を動かすことにより、空気を肺に送り込んだり吐き出したりする。

❷声帯の振動
声帯を振動させることにより、音波が発生する。

❸共鳴
のど・口内・鼻腔などで響かせる。

❹調音
唇・歯・口蓋・舌などで音を作る。

呼吸法➡ロングブレス➡息から音へ

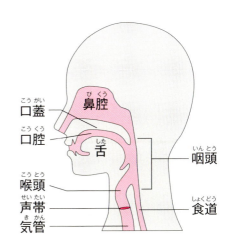

実践してみよう!!

鼻から息を3秒間で吸い、歯に当てるようなイメージで細く長く息を15秒間吐きます。これを3セット行うと良いでしょう。

1-2 正しい母音の発声

ポイント
「口」は私たちが発声するためのスピーカーです。美しい日本語を発声するための正しい口の形を覚えましょう。

日本語の母音の口の形

しっかりと口を開けて共鳴させることにより、聞き取りやすい音になります。日本語の母音「あ・い・う・え・お」の正しい口の形をマスターしましょう。

図A ◆ それぞれの母音の口構えを、指を使って確かめてみましょう。

あ	い	う	え	お
人差指と中指が縦に入る大きさで口を縦に開け、口角を左右に引っ張る。	口角を左右いっぱいに平たく開ける。	唇の先に少し力を入れ、前に突き出しすぼめる。	口角を左右いっぱいに少し上向きにし、人差指が縦1本分すっぽり入るように開ける。	「あ」と「う」の間の大きさ。小指と薬指が縦に入る大きさで口を縦に開ける。

図B ◆ 5つの母音の中で、口を一番大きく開けるのは「あ」の発音です。

「あ」の口構えを横に引っ張っていくと「え」「い」の発音となり、
「あ」の口構えを縦にすぼめていくと「お」「う」の発音になります。

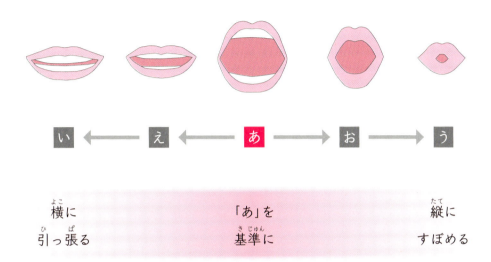

い ← え ← あ → お → う

横に　　　　　　　　「あ」を　　　　　　　縦に
引っ張る　　　　　　基準に　　　　　　　　すぼめる

「あ」の口構えを覚えましょう

「あ」の発音は、母音の中で一番大きく口を開きます。
美しい「あ」の音を発声するためには、
指が2本入る大きさに口を開きましょう。
人差し指と中指を伸ばしたままつけて、
縦の向きで口に当ててみましょう。
2本の指の第一関節までが入る大きさが
「あ」の口構えです。

実践してみよう!!

再生リスト 1-01

001
アイウエオ
カキクケコ
サシスセソ
タチツテト
ナニヌネノ
ハヒフヘホ
マミムメモ
ヤイユエヨ
ラリルレロ
ワイウエオ

002
アエイウエオアオ
カケキクケコカコ
サセシスセソサソ
タテチツテトタト
ナネニヌネノナノ
ハヘヒフヘホハホ
マメミムメモマモ
ヤエイユエヨヤヨ
ラレリルレロラロ
ワエイウエオワオ

003
ガギグゲゴ
ガギグゲゴ
ザジズゼゾ
ダヂヅデド
バビブベボ
パピプペポ

004
ガゲギグゲゴガゴ
ガゲギグゲゴガゴ
ザゼジズゼゾザゾ
ダデヂヅデドダド
バベビブベボバボ
パペピプペポパポ

005						006							
キャ	キ	キュ	キェ	キョ		キャ	キェ	キ	キュ	キェ	キョ	キャ	キョ
シャ	シ	シュ	シェ	ショ		シャ	シェ	シ	シュ	シェ	ショ	シャ	ショ
チャ	チ	チュ	チェ	チョ		チャ	チェ	チ	チュ	チェ	チョ	チャ	チョ
ニャ	ニ	ニュ	ニェ	ニョ		ニャ	ニェ	ニ	ニュ	ニェ	ニョ	ニャ	ニョ
ヒャ	ヒ	ヒュ	ヒェ	ヒョ		ヒャ	ヒェ	ヒ	ヒュ	ヒェ	ヒョ	ヒャ	ヒョ
ミャ	ミ	ミュ	ミェ	ミョ		ミャ	ミェ	ミ	ミュ	ミェ	ミョ	ミャ	ミョ
リャ	リ	リュ	リェ	リョ		リャ	リェ	リ	リュ	リェ	リョ	リャ	リョ
ギャ	ギ	ギュ	ギェ	ギョ		ギャ	ギェ	ギ	ギュ	ギェ	ギョ	ギャ	ギョ
ギャ	ギ	ギュ	ギェ	ギョ		ギャ	ギェ	ギ	ギュ	ギェ	ギョ	ギャ	ギョ
ジャ	ジ	ジュ	ジェ	ジョ		ジャ	ジェ	ジ	ジュ	ジェ	ジョ	ジャ	ジョ
ビャ	ビ	ビュ	ビェ	ビョ		ビャ	ビェ	ビ	ビュ	ビェ	ビョ	ビャ	ビョ
ピャ	ピ	ピュ	ピェ	ピョ		ピャ	ピェ	ピ	ピュ	ピュ	ピョ	ピャ	ピョ

鼻濁音について

　鼻濁音とは「ガ ギ グ ゲ ゴ」「ギャ ギ ギュ ギェ ギョ」の濁音を鼻にかかる柔らかい音に発音することです。「ガ゜ ギ゜ グ゜ ゲ゜ ゴ゜」「ギャ゜ ギ゜ ギュ゜ ギェ゜ ギョ゜」と表記します。「ガ ギ グ ゲ ゴ」の前に短い「ン」を入れるイメージで練習してみましょう。

鼻濁音になる条件

● 「ガ行」が語中（その言葉の中）や語尾（その言葉の最後）にある場合

008 例 ダイガ゜ク（大学）、サイゴ゜（最後）

〔注意〕語頭（その言葉の最初）に来る場合は鼻濁音ではなく濁音です。

008 例 ガッコウ（学校）、ギンコウ（銀行）

● 助詞の「ガ」

009 例 ハハガ゜クル（母が来る）、ツキガ゜デル（月が出る）

010 アイウエオ
イウエオア
ウエオアイ
エオアイウ
オアイウエ

011 カキクケコ
キクケコカ
クケコカキ
ケコカキク
コカキクケ

012 サシスセソ
シスセソサ
スセソサシ
セソサシス
ソサシスセ

013 タチツテト
チツテトタ
ツテトタチ
テトタチツ
トタチツテ

014 ナニヌネノ
ニヌネノナ
ヌネノナニ
ネノナニヌ
ノナニヌネ

015
ハ ヒ フ ヘ ホ
ヒ フ ヘ ホ ハ
フ ヘ ホ ハ ヒ
ヘ ホ ハ ヒ フ
ホ ハ ヒ フ ヘ

016
マ ミ ム メ モ
ミ ム メ モ マ
ム メ モ マ ミ
メ モ マ ミ ム
モ マ ミ ム メ

017
ヤ イ ユ エ ヨ
イ ユ エ ヨ ヤ
ユ エ ヨ ヤ イ
エ ヨ ヤ イ ユ
ヨ ヤ イ ユ エ

018
ラ リ ル レ ロ
リ ル レ ロ ラ
ル レ ロ ラ リ
レ ロ ラ リ ル
ロ ラ リ ル レ

019
ワ イ ウ エ オ
イ ウ エ オ ワ
ウ エ オ ワ イ
エ オ ワ イ ウ
オ ワ イ ウ エ

1-3 日本語のリズムに慣れる

ポイント

手拍子を使って、日本語のリズムを体で覚えましょう。

拍について

日本語の発音には「拍（音の長さ）」が大切です。

そして「ひらがな1文字＝1拍＝手拍子1回」というルールがあります。本書では1拍を ● で表します。

例えば「おはようございます」は

おはようございます
●●●●●●●●●

のように9文字あるので9拍ということになります。音によって長くなったり、短くなったりはぜず、1拍は全て同じ長さで発音します。

促音「っ」や撥音「ん」も、1拍の長さで発音します。

例　**いっち**（一致）　　　**じかん**（時間）
　　●●●　　　　　　　●●●

拗音「ゃ、ゅ、ょ」などは、ひらがな2文字ですが1拍とします。

例　**きゃ べつ**
　　●●●

20

リズムについて

「拍」に慣れたから完璧というわけではありません。実生活で1拍ずつ分けて発音すると硬く人間味のない不自然な日本語に聞こえます。自然で正しい日本語の発音のために、日本語の「リズム」を身につけましょう。

本書では、1拍のリズムは ●、
2拍でひとまとまりのリズムは ◯ = ●● = 手拍子2回で表します。
長音、促音、撥音、母音の連続（連母音）「◯＋母音（あいうえお）」、文末の「です・ます」が2拍でひとまとまりのリズムになります。

「おはようございます」の場合は、

となります。

音の高低について

拍とリズムに慣れたら、次は「音の高低」を意識しましょう。日本語は前の音に対して次の音が「高い」「同じ」「低い」のどれかになります。

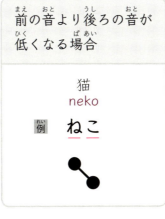

次のページから、実際に「拍」「リズム」「高低」を意識して発音の練習をしていきましょう。

促音

再生リスト 1-02

促音とは、「つ」「ツ」を小さく書いたもので表される部分の音。イメージは『つまった音』。母音はありませんが1拍分の長さを持つのが特徴で、促音の前の1文字とひとまとまりにして ⬭ （＝手拍子2回）で表記します。

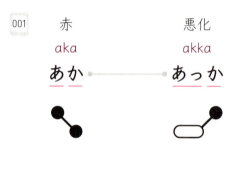

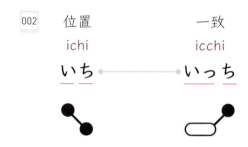

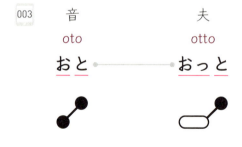

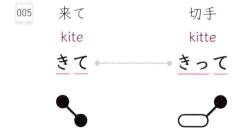

007 外 soto そと	そっと sotto そっと	008 猫 neko ねこ	根っこ nekko ねっこ

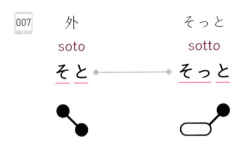 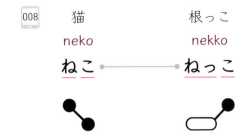

009 武士 bushi ぶし	物資 busshi ぶっし	010 的 mato まと	マット matto まっと

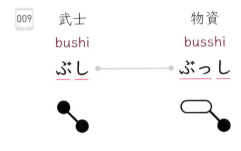 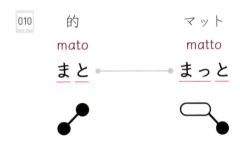

011 蜜 mitsu みつ	三つ mittsu みっつ	012 六 roku ろく	ロック rokku ろっく

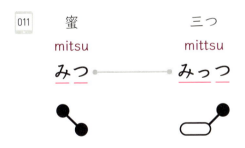 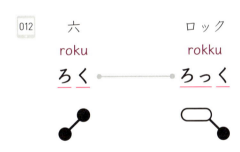

013 四角 shikaku しかく	失格 shikkaku しっかく	014 枕 makura まくら	真っ暗 makkura まっくら

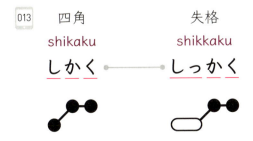 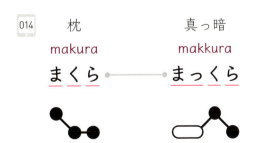

23

撥音
はつおん

撥音とは、「ん」で書かれるようなはねる音。イメージは『鼻にかかる音』。促音同様に母音はありませんが1拍分の長さを持つのが特徴で、撥音の前の1文字とひとまとまりにして ⬭（＝手拍子2回）で表記します。

001 時間
jikan
じかん

002 保険
hoken
ほけん

003 ミカン
mikan
みかん

004 ヤカン
yakan
やかん

005 螺旋
rasen
らせん

006 浪漫
roman
ろまん

007 アメンボ
amenbo
あめんぼ

008 運転
unten
うんてん

009 筋肉
kinniku
きんにく

| 010 | 天国　tengoku　てんごく  | 011 | 番組　bangumi　ばんぐみ  | 012 | 返信　henshin　へんしん  |

| 013 | 神無月　kannazuki　かんなづき  | 014 | 記念品　kinenhin　きねんひん  | 015 | 原始人　genshijin　げんしじん  |

| 016 | 専門家　senmonka　せんもんか  | 017 | 添加物　tenkabutsu　てんかぶつ  | 018 | 保険金　hokenkin　ほけんきん  |

| 019 | 色鉛筆　iroenpitsu　いろえんぴつ  | 020 | 新幹線　shinkansen　しんかんせん  | 021 | 博物館　hakubutsukan　はくぶつかん  |

25

長音（ちょうおん）

再生リスト 1-04

長音とは、母音を通常の倍に伸ばす音。エイやオウなどの連母音、イイやオオなどの二重母音は、長く伸ばして発音し、前の1文字とひとまとまりにして ⬭ （＝手拍子2回）で表記します。

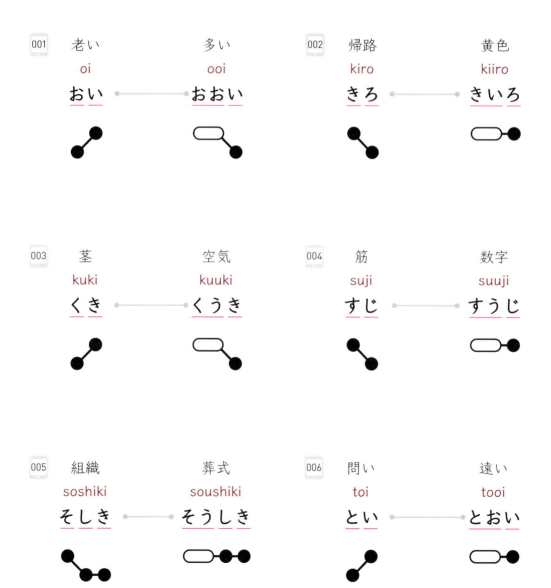

001	老い oi / おい	多い ooi / おおい
002	帰路 kiro / きろ	黄色 kiiro / きいろ
003	茎 kuki / くき	空気 kuuki / くうき
004	筋 suji / すじ	数字 suuji / すうじ
005	組織 soshiki / そしき	葬式 soushiki / そうしき
006	問い toi / とい	遠い tooi / とおい

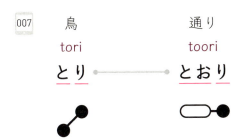
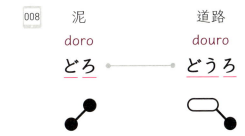
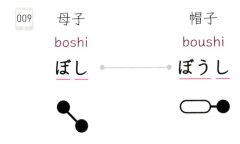
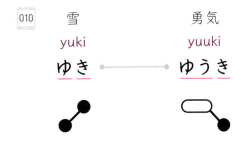
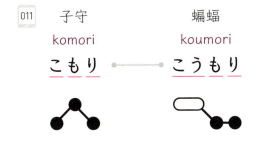
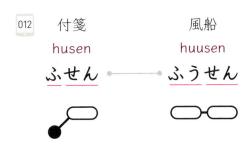
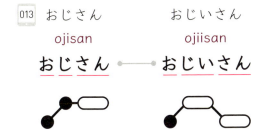
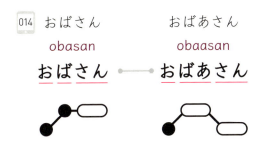

27

拗音

再生リスト 1-05

> 拗音は、いの段（き・し・ち・に・ひ・み・り・ぎ・じ・び・ぴ）の後ろに付き、小さな文字の「ゃ・ゅ・ょ」または「ぃ・ぅ・ぇ・ぉ」で表記されます。拗音の前の1文字とまとめて1拍として同時に発音し、●（＝手拍子1回）で表記します。
> ただし拗音の後ろの1文字が長音（連母音、二重母音）の場合は、拗音の前、拗音、拗音の後の3文字をまとめて ⬯（＝手拍子2回）で表記します。

001 キャベツ kyabetsu きゃべつ 	002 キュウリ kyuuri きゅうり 	003 教室 kyoushitsu きょうしつ
004 社会 shakai しゃかい 	005 習字 shuuji しゅうじ 	006 消化 shouka しょうか
007 茶碗 chawan ちゃわん 	008 中華 chuuka ちゅうか 	009 白夜 byakuya びゃくや

010 蒟蒻 konnyaku こんにゃく	011 百 hyaku ひゃく	012 百円 hyakuen ひゃくえん

013 山脈 sanmyaku さんみゃく	014 茗荷 myouga みょうが	015 省略 shouryaku しょうりゃく

016 流行 ryuukou りゅうこう	017 逆転 gyakuten ぎゃくてん	018 弓道 kyuudou きゅうどう

019 ジャガイモ jagaimo じゃがいも	020 絨毯 juutan じゅうたん	021 病院 byouin びょういん

「1-3 日本語のリズムに慣れる」の総合演習

再生リスト 1-06

001 おばあさんが、ああいう。おかあさんは、ああは できない。

おばあさんが、ああ言う。おかあさんは、ああは できない。

002 うつくしいひとは やさしいというが、いいかげんな いいかた。

美しい人は　　優しいというが、　いい加減な　言い方。

003 こうじょうを みてから、しほうはっぽう いこう。

工場を　　　見てから、四方八方　　　行こう。

004 りゅうきゅうこうつうで くうこうに しゅうごう。

琉球交通で　　　空港に　集合。

005 えいがはいゆうが、ねんれいと せいめいを はっぴょうする。

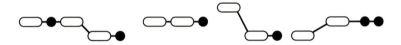

映画俳優が、　　年齢と　姓名を　発表する。

006 けいえいしゃを けいけんしたが、けっきょく しっぱい。

経営者を　　経験したが、　結局　　失敗。

007 かいしゃを やめて、ほんを しゅっぱんした。

会社を　　辞めて、本を　出版した。

コラム1 「母音の無声化」

再生リスト 1-07

通常のテンポで話すとき、ある条件下では「い」「う」の母音が口構えを残し発音されない場合があります。これを母音の無声化と言います。

音の違いを聞き分けて、美しい発音ができるようになりましょう。

条件1

「い」「う」の母音が、無声子音に挟まれたとき

※無声子音とは、発声の際、声帯の振動を伴わない子音です。

か行、さ行、た行、は行、ぱ行、きゃ行、しゃ行、ちゃ行、ひゃ行、ぴゃ行

実践してみよう!! 001

口	真北	気品
く・ち	ま・き・た	き・ひ・ん

靴	美しい	立ち去る
く・つ	う・つ・く・し・い	た・ち・さ・る

四季	捨てる	言いました
し・き	す・て・る	い・い・ま・し・た

確かめる	応接室
た・し・か・め・る	お・う・せ・つ・し・つ

深い	光	不親切
ふ・か・い	ひ・か・り	ふ・し・ん・せ・つ

ピカピカ
ぴ・か・ぴ・か

反復
は・ん・ぷ・く

洋服
よ・う・ふ・く

外出
が・い・しゅ・つ

検出
け・ん・しゅ・つ

条件2（じょうけん）

無声子音（むせいしいん）に続く（つづ）、語尾（ごび）の「い」「う」

実践してみよう!!（じっせん） 002

です
で・す

ます
ま・す

ございます
ご・ざ・い・ま・す

書く
か・く

勝つ
か・つ

例外（れいがい）

❶ 文末（ぶんまつ）にアクセントがある場合（ばあい）は、無声化（むせいか）しません。

003　いつです?　　赤い火（あか ひ）　　行く（い）

❷ さらに拍（はく）が続く（つづ）場合（ばあい）には、無声化（むせいか）しません。

004　ありますが、　　歩くでしょう（ある）。

33

STEP 2

応用(おうよう)

ボイスサンプル

---- **このステップの目標(もくひょう)** ----

日本語(にほんご)には「音(おと)」があります。基礎(きそ)が身(み)に付(つ)いたら、より正確(せいかく)で美(うつく)しく話(はな)せるように、日本語(にほんご)の音(おと)の高低(こうてい)を意識(いしき)しましょう。

2-1 音感を鍛える

ポイント

「同音異義語」で日本語の音の高低を身に付けましょう。

同音異義語とは、同音＝発音が同じ、異義語＝意味が違う、つまり「発音が同じで意味の違いがある言葉」。

再生リスト
2-01

001

暑い	熱い	厚い
atsui	atsui	atsui
あつい	あつい	あつい

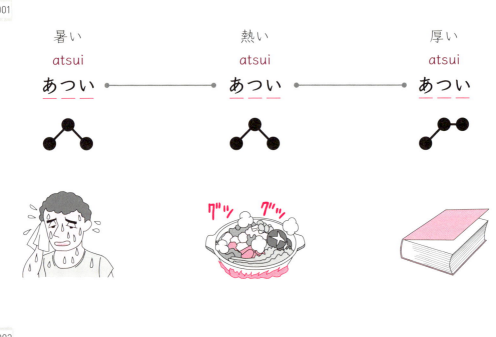

002

牡蠣	夏季	柿
kaki	kaki	kaki
かき	かき	かき

003

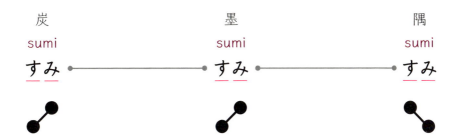

004

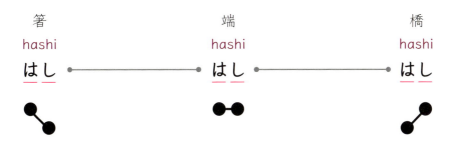

005 006

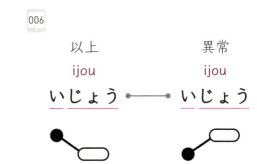

007 008

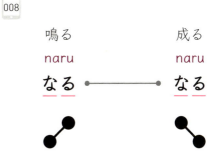

2-2 滑舌練習

ポイント

発声と発音のコツが掴めたら、次は滑舌を良くしてハキハキと話す練習をしましょう。

 滑舌とは言葉を明確に発音する口や舌の動きのことです。どこで区切るとリズムが良くなるか考えてみましょう。

「あめんぼのうた」北原白秋

再生リスト 2-02

001
あめんぼあかいなあいうえお
a me n bo a ka i na a i u e o
水馬赤いなあいうえお

002
うきもにこえびもおよいでる
u ki mo ni ko e bi mo o yo i de ru
浮藻に小蝦も泳いでる

003
かきのきくりのきかきくけこ
ka ki no ki ku ri no ki ka ki ku ke ko
柿の木栗の木かきくけこ

004
きつつきこつこつかれけやき
ki tsu tsu ki ko tsu ko tsu ka re ke ya ki
啄木鳥こつこつ枯れ欅

005
ささげにすをかけさしすせそ
sa sa ge ni su wo ka ke sa shi su se so
大角豆に酢をかけさしすせそ

006 そのうおあさせでさしました
so no u o a sa se de sa shi ma shi ta

その魚浅瀬で刺しました

007 たちましょらっぱでたちつてと
ta chi ma sho rappa de ta chi tsu te to

立ちましょ喇叭でたちつてと

008 とてとてたったととびたった
to te to te tatta to to bi tatta

トテトテタッタと飛び立った

009 なめくじのろのろなにぬねの
na me ku ji no ro no ro na ni nu ne no

蛞蝓のろのろなにぬねの

010 なんどにぬめってなにねばる
na n do ni nu mette na ni ne ba ru

納戸にぬめってなにねばる

011 はとぽっぽほろほろはひふへほ
ha to poppo ho ro ho ro ha hi fu he ho

鳩ポッポほろほろはひふへほ

012 ひなたのおへやにゃふえをふく
hi na ta no o he ya nya fu e wo fu ku

日向のお部屋にゃ笛を吹く

013 まいまいねじまきまみむめも
ma i ma i ne ji ma ki ma mi mu me mo

蝸牛ネジ巻まみむめも

39

014

うめのみおちてもみもしまい
u me no mi o chi te mo mi mo shi ma i

梅の実落ちても見もしまい

015

やきぐりゆでぐりやいゆえよ
ya ki gu ri yu de gu ri ya i yu e yo

焼栗ゆで栗やいゆえよ

016

やまだにひのつくよいのいえ
ya ma da ni hi no tsu ku yo i no i e

山田に灯のつくよいの家

017

らいちょうさむかろらりるれろ
ra i cho u sa mu ka ro ra ri ru re ro

雷鳥寒かろらりるれろ

018

れんげがさいたらるりのとり
re n ge ga sa i ta ra ru ri no to ri

蓮花が咲いたら瑠璃の鳥

019

わいわいわっしょいわいうえを
wa i wa i wassho i wa i u e wo

わいわいわっしょいわゐうゑを

020

うえきやいどがえおまつりだ
u e ki ya i do ga e o ma tsu ri da

植木屋井戸換えお祭りだ

早口言葉

ア

001 おあややははおやにおあやまり
おあやややおやにおあやまりとおいい

oayayahahaoyanioayamari
oayayayaoyanioayamaritooii

お綾や母親におあやまり
お綾や八百屋におあやまりとおいい

002 うたうたいがうたうたいにきて
うたうたいたいだけうたいきれないから
うたうたわぬ

utautaigautautainikite
utautaitaidakeutaikirenaikara
utautawanu

歌うたいが歌うたいに来て
歌うたいたいだけ歌いきれないから
歌うたわぬ

003 いえのくぐりどはくぐりよいくぐりど
となりのくぐりどはくぐりにくいくぐりど

ienokuguridowakuguriyoikugurido
tonarinokuguridowakugurinikuikugurido

家のくぐり戸はくぐりよいくぐり戸
隣のくぐり戸はくぐりにくいくぐり戸

004 こごめのなまがみ　こごめのなまがみ
こんこごめのこなまがみ

kogomenonamagami　kogomenonamagami
konkogomenokonamagami

粉米の生噛み　粉米の生噛み
こん粉米のこ生噛み

005 さっきささsんがささのはですすをはらって
「そうじをさせていただいた」とささやいた

sakkisasasangasasanohadesusuwoharatte
「soujiwosaseteitadaita」tosasayaita

さっき佐々さんが笹の葉ですすを払って
「掃除をさせていただいた」とささやいた

006 しゃんそんかしゅ　しんしゅんしゃんそんしょう

shansonkashu　shinshunshansonshou

シャンソン歌手　新春シャンソン賞

007 このたけがきにたけたてかけたのは
たけたてかけたかったからたけたてかけたのです

konotakegakinitaketatekaketanowa
taketatekaketakattakarataketatekaketanodesu

この竹垣に竹立てかけたのは
竹立てかけたかったから竹立てかけたのです

008 おちゃたちょちゃたちょ
ちゃっとたちょちゃたちょ
あおたけちゃせんでおちゃちゃとたちゃ

ochatachochatacho
chattotachochatacho
aotakechasendeochachatotacha

お茶立ちょ茶立ちょ
ちゃっと立ちょ茶立ちょ
青竹茶せんでお茶ちゃと立ちゃ

009 なまむぎなまごめなまたまご

namamuginamagomenamatamago

生麦生米生卵

010 どじょうにょろにょろみにょろにょろ
あわせてにょろにょろむにょろにょろ

dojounyoronyorominyoronyoro
awasetenyoronyoromunyoronyoro

どじょうにょろにょろ三にょろにょろ
合わせてにょろにょろ六にょろにょろ

011 かえるぴょこぴょこみぴょこぴょこ
あわせてぴょこぴょこむぴょこぴょこ

kaerupyokopyokomipyokopyoko
awasetepyokopyokomupyokopyoko

蛙ぴょこぴょこ三ぴょこぴょこ
合わせてぴょこぴょこ六ぴょこぴょこ

43

012 ぼうずがびょうぶにじょうずにぼうずの
えをかいた

bouzugabyoubunijouzunibouzuno
ewokaita

坊主が屏風に上手に坊主の
絵を描いた

013 むぎごみむぎごみみむぎごみ
あわせてむぎごみむむぎごみ

mugigomimugigomimimugigomi
awasetemugigomimumugigomi

麦ごみ麦ごみ三麦ごみ
合わせて麦ごみ六麦ごみ

014 あおまきがみあかまきがみきまきがみ

aomakigamiakamakigamikimakigami

青巻紙赤巻紙黄巻紙

015 やくしゃがやくしょへやくにんにあいにゆき
やくにんががくやへやくしゃにあいにゆく

yakushagayakushoeyakuninniainiyuki
yakuningagakuyaeyakushaniainiyuku

役者が役所へ役人に会いに行き
役人が楽屋へ役者に会いに行く

016 やみのよに　ゆうきをだしてゆやにゆき
やおやにからかわれたおあや

yaminoyoni　yuukiwodashiteyuyaniyuki
yaoyanikarakawaretaoaya

闇の夜に　勇気を出して湯屋に行き
八百屋にからかわれたお綾

017 おどりおどるなら　おどりのどうりをならって
おどりのどうりどおりにおどりをおどれ

odoriodorunara　odorinodouriwonaratte
odorinodouridooriniodoriwoodore

踊り踊るなら　踊りの道理を習って
踊りの道理どおりに踊りを踊れ

018 うりうりがうりうりにきてうりうりのこし
うりうりかえるうりうりのこえ

uriurigauriurinikiteuriurinokoshi
uriurikaeruuriurinokoe

瓜売りが瓜売りに来て瓜売り残し
売り売り帰る瓜売りの声

019 われわれは　わからずやでわがままだが
わらわれるいわれはない

warewarewa　wakarazuyadewagamamadaga
warawareruiwarewanai

我々は　分からず屋でわがままだが
笑われる謂れはない

2-3 カタカナに慣れる

ポイント

もともとは外来語（英語発音）の単語ですが、日本人が慣れ親しんでいる言い方「カタカナ発音」を練習しましょう。

 促音・撥音・長音・拗音等に気を付けて発音してみましょう。

世界の地名

再生リスト 2-04

001 ローマ
rooma
ローマ

002 ガーナ
gaana
ガーナ

003 インド
indo
インド

004 北京
pekin
ペキン

005 ジャパン
japan
ジャパン

006 ペルー
peruu
ペルー

46

007 ベトナム betonamu ベトナム	008 イギリス igirisu イギリス	009 アメリカ amerika アメリカ

010 上海 shanhai シャンハイ	011 ミャンマー myanmaa ミャンマー	012 ブータン buutan ブータン

013 ポーランド poorando ポーランド	014 ルーマニア ruumania ルーマニア	015 マレーシア mareeshia マレーシア

016 コロンビア koronbia コロンビア	017 ルクセンブルク rukusenburuku ルクセンブルク	018 ウズベキスタン uzubekisutan ウズベキスタン
		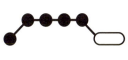

カタカナ応用

再生リスト 2-05

001 kyaria
キャリア

002 chekku
チェック

003 fairu
ファイル

004 karaoke
カラオケ

005 kuupon
クーポン

006 sapooto
サポート

007 shisutemu
システム

008 sutaffu
スタッフ

009 tekisuto
テキスト

010 famirii
ファミリー

011 popyuraa
ポピュラー

012 rekuchaa
レクチャー

自分の名前をカタカナで書き、発音してみましょう。

コラム2 「オノマトペ」

「オノマトペ」とは自然界の音・声、物事の状態や動きなどを音で象徴的に表した言葉です。大きくは擬音語と擬態語があります。

擬音語
物や動物が出す音の描写。

● 自然や物の音

「ザーザー」「ビュービュー」「サラサラ」

「ガチャーン」「ドカドカ」「ゴーゴー」

「バラバラ」「シンシン」など

● 動物の鳴き声

「ワンワン」「モーモー」「コケッコッコー」「ニャーニャー」

「ヒヒーン」「ガオー」「チュンチュン」など

擬態語
心情や状態を表す。音のないものを音によって表す言葉。

● 心情

「ワクワク」「ウキウキ」「ゾっと」

「デレデレ」「ゾクゾク」「ドキドキ」

「ソワソワ」「ハラハラ」など

● 状態

「ツルツル」「カチカチ」「ギチギチ」「テカテカ」「ズカズカ」

「ブルブル」「ギュウギュウ」「ガヤガヤ」「コロコロ」

「ブラブラ」「ギッシリ」「フワフワ」など

STEP 3

実践(じっせん)

ボイスサンプル

--- **このステップの目標(もくひょう)** ---

ここからは普段(ふだん)の生活(せいかつ)で使(つか)う会話(かいわ)です。
これまで学(まな)んだリズム、音(おと)の高低(こうてい)に加(くわ)えて、
「相手(あいて)に自分(じぶん)の気持(きも)ちを伝(つた)える」ことにも重点(じゅうてん)
を置(お)き練習(れんしゅう)をしましょう。

3-1 あいさつ

ポイント

相手に伝わる丁寧なあいさつは、日本語の基本です。日常のあいさつを練習し、丁寧に、正しいリズムで話せるようになりましょう。

単語を発音する場合は、音の高低差をハッキリとさせますが、文章になった場合は、音の高低差は「柔らかく表現」するようになります。

単語発音の場合 音の高低差ははっきりと直線的なイメージ。

くだもの　　　　　　　はくぶつかん

文章になった場合 音の高低差は柔らかく曲線的なイメージ。

おはようございます

このステップから音の高低を表す記号が曲線（ ⌒ ）にかわり、●◯はリズムを表すマークにかわります。

少し難しくなりますが、日本語の柔らかい表現を身に付けましょう。

基本のあいさつ

再生リスト 3-01

日常生活でよく使う基本のあいさつです。
正しい発音とリズムでしっかり伝えましょう。

001 おはようございます

002 こんにちは

003 こんばんは

004 はじめまして

005 いただきます

006 ごちそうさまでした

ビジネスシーンのあいさつ

再生リスト 3-02

様々なビジネスシーンでのあいさつです。
どんな場面で使うのか考えながら話してみましょう。

001 おつかれさまです

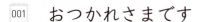

002 よろしくおねがいします

003 かしこまりました

004 しょうちしました

005 ありがとうございます

006 もうしわけございません

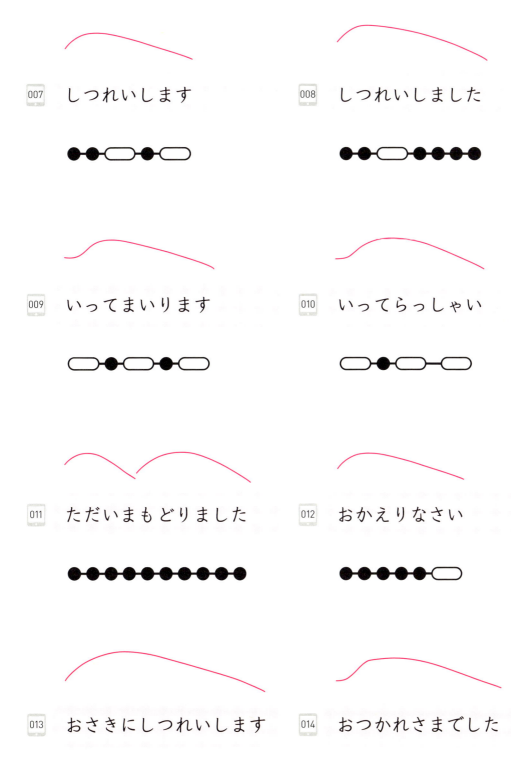

015　おせわになっております
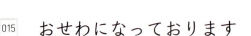

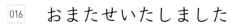
016　おまたせいたしました

017　いらっしゃいませ

018　おまちしておりました

019　またおこしくださいませ

020　またおまちしております
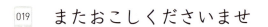

021　しょうしょうおまちください

022　おそれいります

よく使うビジネスフレーズ

再生リスト 3-03

ビジネスシーンでよく出てくるフレーズです。このような相手への配慮の言葉がスラスラ言えると素敵ですね！

001 おはなしちゅう　しつれいいたします

002 おいそがしいところ　もうしわけございません

003 ただいま　おじかん　よろしいでしょうか

3-2 あいづち

ポイント
「あいづち」を身に付け、コミュニケーションを上達させましょう。

「あいづち」とは、会話において、相手の話に合わせた受け答えのことです。
つまり「あなたの話をしっかり聞いていますよ。」という態度を相手に伝える言葉です。
あいづちを効果的に使うことで、話し手はとても良い気分になり、更には聞き手に好感を抱いて、この人とまた話したいと思い、心を開いてくれるようになります。

あいづちには「声を出す」、「うなずく」などの方法がありますので、実践してみましょう。

ビジネスシーンで使うあいづち	日常生活で使うあいづち
● はい	● はい
● ええ	● ええ
● さようでございます	● へぇ〜
● かしこまりました	● なるほど
● 承知しました	● そうですね、そうですか
● おっしゃる通りです	● うんうん（うなずき）

注意!! ダメなあいづち

間違ったあいづちは相手を不快な気分にさせたり、話したい気持ちを失わせたりする原因になりますので注意しましょう。次のようなあいづちをしていませんか？ 一度ロールプレイしてみましょう。

同じ言葉の繰り返し

「はいはい」や「ほうほう」などを連呼されると、耳障りで話す側も落ち着きません。

「なるほど」や「たしかに」

自分もはじめから気付いていたという上から目線の態度を相手に感じさせてしまうかもしれません。

大げさ

「うそ～！」や「え～！」などは馬鹿にされている気分になりかねません。

相手の話をさえぎる、かぶせる

相手の話を最後まで聞かずにあいづちを打ってしまうと、相手に「自分の話をきちんと聞いてもらえていない」という不満を感じさせてしまいます。

3-3 ロールプレイング

ポイント

私たちが話をするとき、そこには必ず相手がいます。相手に届く「日本語」にするため、会話文で練習しましょう！

電話を受ける・掛ける

再生リスト 3-04

001 お電話ありがとうございます。日本物産人事部　佐藤　です。

002 私、東京電機の　山田　と申します。

いつもお世話になっております。

鈴木部長はいらっしゃいますか？

003 東京電機の　山田　様ですね。いつもお世話になっております。

鈴木ですね。かしこまりました。

少々お待ちいただけますか？

004 恐れ入ります。

--- 取り次ぐ ---

005 ＿＿山田＿＿様、お待たせいたしました。

鈴木にお繋ぎいたします。

006 はい。ありがとうございます。

--- 名指し人がでる ---

007 鈴木部長、東京電機の＿＿山田＿＿です。

いつもお世話になっております。

次回のお打合せの件でお電話差し上げました。

今、お時間よろしいでしょうか。

008 ええ、どうぞ。

 009 ありがとうございます。

では、早速(さっそく) 日程(にってい)ですが……

———— 会話終了(かいわしゅうりょう) ————

 010 お忙(いそが)しい中(なか)、ありがとうございました。

失礼(しつれい)します。

電話：アポイント

再生リスト 3-05

001 いつもお世話になっております。ABC企画の____森____と申します。

____山田____さんはいらっしゃいますか？

002 はい。お電話代わりました。____山田____です。

いつもお世話になっております。

で、今日は、どんなご用件でしょうか？

003 実は、パンフレットが予定より早く出来上がりそうなんです。

早めにお持ちしたほうがよろしいですか？

004 ああ、そうですね！

早いほうが助かります。いつ、出来上がりますか？

63

005 来週の火曜日です。よろしければ、火曜日以降で、ご都合の良い日を教えていただけますか？

 006 ん〜、そうですね……木曜日の15時はいかがでしょうか？

 007 かしこまりました。
それでは、木曜日の15時にお伺いします。よろしくお願いいたします。

 008 はい。お待ちしております。よろしくお願いします。

 009 こちらこそ、よろしくお願いいたします。
お忙しい中、ありがとうございます。では、失礼いたします。

電話：伝言する

再生リスト 3-06

001 いつもお世話になっております。新宿電機の ___中村___ と申します。

高橋課長はいらっしゃいますか？

002 大変申し訳ありません。高橋はただ今、外出中です。

いかがいたしましょうか？

003 そうですか……では、ご伝言お願いしてもよろしいでしょうか？

004 かしこまりました。承ります。

005 では、来週の会議の件で、折り返しご連絡をいただきたいと、

お伝えいただけますか？

65

006 かしこまりました。来週の会議の件で、高橋より折り返しご連絡させていただく、ということですね。

007 はい。そうです。お願いします。

008 かしこまりました。では、私、佐藤が承りました。お電話ありがとうございました。

009 はい。よろしくお願いいたします。失礼いたします。

010 失礼いたします。

電話：就職活動①

3-07

001 すみません。朝陽日本語学校の山口と申します。

学校の掲示板で募集を見て、お電話しました。

募集内容について、少しお聞きしたいことがあるのですが、

担当の方はいらっしゃいますか？

002 はい。かしこまりました。

担当に代わりますので、少々お待ちください。

003 はい。ありがとうございます。

004 お電話代わりました。担当の山田と申します。

005 お忙しいところ、すみません。

私、朝陽日本語学校の 山口 と申します。

募集内容のことでお聞きしたいのですが、

今、お時間よろしいでしょうか？

006 はい。どうぞ。

007 ありがとうございます。

では、2点、お聞きしたいことがあります。

よろしくお願いいたします。

008 はい、どうぞ。

電話：就職活動②

001 今、お時間よろしいでしょうか？

002 ええ、いいですよ。

003 ありがとうございます。
先日、フロアスタッフの募集を見たのですが、
今もまだ募集していますか？

004 はい。まだ募集していますよ。

005 そうですか！　良かったです。
ぜひ、応募したいのですが、どうしたらよろしいでしょうか？

006 そうですか。
では、履歴書と職務経歴書を今週中に郵送してもらえますか？

007 はい。履歴書と職務経歴書、ですね。かしこまりました。

008 はい。書類が届いてから、
1週間以内にこちらから連絡しますので、その後、面接を行います。

009 はい。ありがとうございます。早速送らせていただきます。
よろしくお願いいたします。

010 では、お待ちしております。

011 ありがとうございます。

電話：アルバイト先に連絡する

3-09

001 もしもし、店長、アルバイトの＿＿山本＿＿です。

お疲れ様です。

002 あー。＿＿山本＿＿さんね。お疲れ様です。

どうしました？

003 あの、実は、昨日から風邪をひいてしまって……

まだ熱が下がらないんです。

申し訳ないですが、今日、休ませていただけませんか？

004 え、そうなの？ 大丈夫？

熱じゃあ、仕方ないね。分かりました。じゃあ、今日はお休みだね。

005 はい。申し訳ありません。

006 いやいや、今日はゆっくり休んで、しっかり治してくださいね。
病院には行った？

007 はい。病院には行きました。

008 そっか、じゃあ、大丈夫だね。お大事に。

009 はい。ありがとうございます。本当に申し訳ありません。
では、失礼します。

友達との会話①

3-10

001 ＿＿＿西川（にしかわ）＿＿＿さん、スポーツ、何（なに）かやっていますか？

002 あ、はい。サッカーやっていますよ。

003 え？　そうなんだー。サッカーやっているんですね。

004 はい。母国（ぼこく）にいたときから、ずっとやっています。
ハイスクールで、1回（いっかい）だけ、優勝（ゆうしょう）したこともあります。

005 えーーー？　すごいじゃないですか！　ポジションはどこですか？

006 えっと、いろいろやりましたけど、フォワードが多（おお）かったかな。

73

007 おー。そうなんですね！

じゃあ、シュートが得意なんですね。

 008 いやいや、そうでもないですけど。

 009 実は、アルバイトの仲間で、たまにフットサルに行くんです。

今度一緒に行きませんか？

 010 え、いいんですか？　ぜひ、行きたいです。

 011 もちろんです！　じゃあ、今度、日程が決まったら教えますね。

 012 はい。ありがとうございます。楽しみにしています。

友達との会話②

001 _____内田_____ さんは、日本語が上手ですね。

日本に来て、どのくらいになるんですか？

002 ありがとうございます。そうですね、もうすぐ2年くらいです。

003 へー。そうなんだー。どうして日本に来ようと思ったんですか？

004 そうですねー……えっと、母国にいた時、

学校で日本について学んだんですけど、

その時に日本にとても興味を持って、

一度行ってみたいな、と思っていたんです。

005 あ、そうだったんですね。

日本のどんなところに興味を持ったんですか？

006 そうですね……いろいろありますけど、

実は私、日本のアニメがとても好きなんです。

007 えーーー？　日本のアニメ、見ていたんですか？

008 はい。いろいろ見ていました。

だから、もともと興味があったんです。

あと、日本の食べ物も好きです。

寿司とか、蕎麦とか食べます。

009 あー。そうなんですね！　私もお寿司好きなんです。

じゃあ、今度一緒に食べに行きましょう！

 010 はい。ぜひ、お願いします！

先生との会話

001 ＿＿＿松田＿＿＿さんは、どんな会社で働きたいの？

002 そうですねー。やっぱり、IT企業で働きたいです。
学校で勉強したことを活かしたいです。

003 うん。そうだよね。パソコンはもともと得意でしたっけ？

004 はい。母国にいたときも、家で、自宅にあるパソコンを使って、
よくウェブサイトを見ていました。

005 あ、そうなんだね。じゃあ、ウェブに興味があるんですね？

006 はい。そうですね……すごくかっこいいサイトを見ると、自分でも作ってみたいな、と思います。

007 へーー。

008 あと、パソコンもそうですけど、これからはスマートフォンがメインになってくると思うので、スマートフォン向けのシステムやソフト開発ができたらいいな、とも考えています。

009 それはいいですね。良い企業が見つかるといいですね。

010 はい。がんばります！

先生に相談する

001 ＿＿＿川井＿＿＿さん、今日はどうしたの？

002 はい。実は今、就職をどうしようか迷っているんです。

003 え？　どうしたの？　何かあった？

004 いえ、たいしたことではないんですけど、

自分には、どんな仕事が向いているのか、

分からなくなってしまっていて……

005 あ、そうなんだ。いろいろと、やりたいことがあるのかな？

006 はい。そうですね……

最初は、IT関係の会社にいこうと思っていたんですけど、

今、少し変わってきていて……

007 うん、うん。どんなふうに変わってきているの?

008 はい。今のアルバイト先がとても楽しいので、

接客の仕事もいいかなー、と思っているんです。

009 へぇ、それは素敵なことですね。

仕事が楽しいというのは、いいことですよ。

010 はい。だから、もしかしたら、

そういう会社も面接を受けるかもしれません。

接客の仕事って、なんて言うんですか？

011 んー、サービス業と言うことが多いかな。

___川井___さん、明るくてハキハキしているから、

確かに向いているかもしれないですね。

頑張って、受けてみたら？

012 はい。頑張って受けてみます！

ありがとうございます。

自己紹介する

再生リスト 3-14

---------- **A** 社内（新人）----------

001 皆さん、紹介します。今日からうちの部に配属になった、

新人の___田中___さんです。

じゃ、___田中___さん、一言挨拶を。

002 おはようございます。

今日からこちらでお世話になることになった___田中___と申します。

1日も早く職場に慣れるよう頑張ります。よろしくお願いいたします。

B 社内（異動）

003 今度、大阪支社から異動になった＿＿林＿＿さんです。

こちらは、企画部長の長谷川さんです。

004 長谷川部長、はじめまして。

大阪支社から参りました＿＿林＿＿と申します。

よろしくお願いいたします。

C 社外（紹介）

005 お待たせいたしました。お変わりありませんか？

006 はい。おかげさまで。早速ですが、ご紹介させていただきます。

こちらは、今月から御社担当となりました＿＿林＿＿です。

こちらは、営業部の高橋様です。

007 初めてお目にかかります。＿＿林＿＿と申します。

いつもお世話になっております。よろしくお願いいたします。

008 こちらこそ、いつもお世話になっております。高橋でございます。

いつもお電話で失礼しております。

今後ともよろしくお願いいたします。

来客への対応

3-15

001 いらっしゃいませ。

002 こんにちは。私、山本工業の____木村____と申します。

お世話になっております。

恐れ入りますが、営業部の田中部長にお取り次ぎ願えますか？

003 はい。山本工業の____木村____様でいらっしゃいますね。

お世話になっております。本日はお約束でしょうか？

004 はい。14時にお約束しております。

005 かしこまりました。

では、お取り次ぎいたしますので、少々お待ちいただけますか？

006 はい。恐れ入ります。

007 ＿＿木村＿＿様、お待たせいたしました。

田中は、すぐにこちらに参りますので、

ソファにおかけになってお待ちいただけますか？

008 はい。分かりました。

009 申し訳ございません。では、もう少々お待ちくださいませ。

010 はい。ありがとうございます。

名刺交換
めいしこうかん

再生リスト
3-16

001 はじめまして。

(名刺を渡しながら) 私、鈴木ゆみ と申します。

よろしくお願いいたします。

002 ありがとうございます。頂戴いたします。

鈴木ゆみ 様ですね。

(名刺を渡しながら) 私、山田ひろし と申します。

本日はよろしくお願いいたします。

003 頂戴いたします。山田ひろし 様でいらっしゃいますね。

こちらこそ、よろしくお願いいたします。

004 (移動しながら) どうぞ、こちらにおかけください。
(手で指し示しながら、自分が先に座る)

 005 ありがとうございます。(座りながら) 失礼いたします。

いただいた名刺にはたくさんの情報が詰まっているので、その人と同じくらい大切なものです。折り曲げたり、無くしたりしないよう気を付けましょう！

商談

再生リスト 3-17

 001 早速ですが、先日お話ししておりました新製品のパンフレットが、こちらでございます。

 002 おー。これですね！　ありがとうございます。

う〜ん……なるほど。こんな感じになるんですね〜。

 003 はい。いかがでしょうか？

 004 いいですね！　イメージどおりです。色は何色ありますか？

 005 今のところ、5色です。

ホワイト、ブラック、ブルー、グリーン、イエロー、の5つです。

006 なるほど〜。グリーンとか、いいですね！

早速、上司に相談したいと思いますので、

少し、お時間をいただいていいですか？

007 もちろんです！ ありがとうございます。

ぜひ、ご検討ください。

008 はい。では、また連絡します。

職場内の上司とのやりとり

再生リスト 3-18

001 ＿＿＿森＿＿＿さん、今、ちょっと、いいですか？

002 はい。＿＿＿山田＿＿＿部長。お呼びでしょうか？

003 実は、午後1時からの会議なんだけど、

人数が増えることになったので、資料を人数分追加したいんです。

お願いできますか？

004 かしこまりました。何部、準備しましょうか？

005 そうだなー。ん〜……10部、追加でお願いします。

006 承知いたしました。10部ですね。
直接、会議室にお持ちすればよろしいでしょうか？

007 そうですね。10分前には、準備を整えておいてください。

008 承知しました。では、12時50分には整えておきます。

009 ありがとう。助かるよ。じゃあ、よろしく頼みます。

010 かしこまりました！

職場内の同僚とのやりとり

再生リスト 3-19

001 ___高橋___さん、お疲れ様〜。

今日、仕事の後に何か予定入ってます？

002 あ。___鈴木___さん、お疲れ様です。

ん〜特にないけど。今日、何かあるんですか？

003 実は、今日、同期のメンバーで食事会しようか、

って話が出ているんだよね。参加できそうかな？

004 そうなんですね！ うん、たぶん行けると思います。

何時からスタートの予定ですか？

005 19時から。いつものイタリア料理の店で。

あそこ、おいしいよね！

 006 ああ、あの、渋谷駅の近くのお店ね。うん、うん、おいしかった！

私も、また行きたいと思ってました！

 007 あ〜よかった。みんな、イタリア料理 好きだからね。

 008 じゃあ、19時に、直接お店に行けばいいですか？

 009 はい。直接、お店でお願いします。

佐藤さんの名前で予約しています。

 010 分かりました！ 楽しみにしています。では、お店で。

上司に相談

001 あのう、課長、今お時間よろしいですか？

002 はい。大丈夫ですよ。どうしましたか？

003 はい。実は、来週の荷物の搬入の件なのですが……
先ほど、先方から連絡がありまして、日程を変えたいとのことです。

004 え？　そうなの？　ん～、なんでだろう？
理由について、何か言ってましたか？

005 それが……詳しいことは、課長と直接、
お話ししたいとおっしゃってました。いかがいたしましょうか？

006 あー、そうなんだ。分かりました。

でも、今から会議に入るので、17時以降に電話すると
先方に伝えておいてもらえますか？

007 承知しました。

では、その旨を、A社の山田様にお伝えします。

008 はい。よろしくお願いします。

009 承知しました。

お礼を言う

 001 あのー、＿＿木村＿＿さん。

 002 はい。何でしょうか？

 003 昨日は、計算書の作成を手伝っていただき、

ありがとうございました。

 004 ああ、気にしないでください。

 005 いえいえ、おかげで今日の締め切りに間に合いました。

助かりました。

006 ああ、そうですか！

それは良かった。お役に立てて、私もうれしいです。

007 本当にありがとうございました。

008 また何かあれば、いつでも声をかけてくださいね。

009 はい。そう言ってもらえると、心強いです。

ありがとうございます。

お詫びをする

再生リスト 3-22

001 先日お送りいただいた書類の中に、お願いした資料が入っていなかったようなんですが……

002 え？　さようでございましたか。大変申し訳ございません。失礼いたしました。

003 明日には使いたいので、今日中になんとかなりますか？

004 かしこまりました。それでは、部下の佐藤という者に、早急に届けさせますので、もう少々お待ちいただけますか？
14時にはお届けします。

005 そうですか。では、今日中に届くんですね。

分かりました。お待ちしています。

006 ありがとうございます。

この度は、大変申し訳ありませんでした。

今後は、このようなことがないよう気をつけます。

ご迷惑をお掛けして申し訳ありませんでした。

場所を尋ねる

A 社外

001 すみません、あの〜、ちょっとお聞きしたいのですが……

002 はい。なんでしょうか？

003 こちらの建物に、東京食品株式会社の販売部があると思うんですが、どこから入ったらいいのでしょうか？

004 ああ、それなら、そこのエレベーターで3階に行くと受付があるので、そこで聞けば分かると思いますよ。

005 あ、そうなんですね。

ありがとうございます。助かりました！

 006 いえいえ、どういたしまして。

--- B 社内 ---

 007 あの、すみません、林さん、ちょっと今よろしいでしょうか？

 008 はい。なんでしょうか？

 009 昨年の新入社員歓迎会の資料が見当たらないのですが……

どこに置いてあるかご存知ですか？

010 え？　そこの棚にないですか？

じゃあ、もしかしたら川口さんが

まだ持っているかもしれないね。聞いてみたら？

011 川口さんが持っているんですね。

はい。聞いてみます！

ありがとうございます。助かりました。

ショッピングで

再生リスト 3-24

 001 いらっしゃいませ。

 002 あの、このシャツなんですけど……

 003 はい。お伺いいたします。こちらのシャツでございますね。

 004 ええ。これなんですけど……同じもので、白はありますか？

 005 こちらの、白でございますね。
ただ今お調べいたしますので、少々お待ちいただけますか？

105

006 あ、はい。

007 お客さま、大変申し訳ございません。

こちらの白は、ただいま切らしております。

もしよろしければ、他の店舗の在庫を調べて、

お取り寄せいたしますが……いかがいたしましょうか？

008 あー、そうなんですね……何日くらいかかるんですか？

009 そうですね～。早ければ2日、長いと1週間かかります。

あの、失礼ですが、お急ぎでいらっしゃいますか？

010 いや、そうでもないんですけど……

011 そうですか。では、まずは在庫があるかお調べいたしますので少々お待ちいただけますか？

012 はい。お願いします。

注文をとる（レストラン）

再生リスト 3-25

001 いらっしゃいませ。ご注文はお決まりでしょうか？

002 はい。これ、お願いします。

003 はい。日替わりランチですね。かしこまりました。
本日は、ハンバーグとクリームコロッケ定食ですが、よろしいでしょうか？

004 はい。お願いします。

005 はい。ありがとうございます。
ライスとパンが選べますが……どちらになさいますか？

006 じゃあ、ライスでお願いします。

007 はい。かしこまりました。
セットサラダのドレッシングは、いかがいたしましょうか？
和風、ごま、フレンチ、の3つから選べますが……

008 うーん。じゃあ、和風でお願いします。

009 はい。かしこまりました。では、ご注文を繰り返します。
本日の日替わりランチをライスで。セットサラダは、
和風ドレッシングで、承りました。よろしいでしょうか？

010 はい。お願(ねが)いします。

011 かしこまりました。ありがとうございます。

では、少々(しょうしょう)お待(ま)ちくださいませ。

会計時（コンビニエンスストア）

再生リスト 3-26

001 お次のお客さま、どうぞ。
（お客さまが来たら）

いらっしゃいませ。……（商品のバーコードを読み取る）

以上、3点で 1000円でございます。

002 スイカで払えますか？

003 はい。スイカですね。かしこまりました。

では、こちらにタッチをお願いします。
（お客さま、スイカをかざす）

はい。ありがとうございます。お弁当は温めますか？

004 はい。お願いします。

005 はい。かしこまりました。

では、こちらで、少々お待ちくださいませ。

(お弁当が温まる)

お弁当をお待ちのお客さま、お待たせいたしました。

006 はい。

007 お待たせいたしました。(お弁当を渡して……)

ありがとうございました。またどうぞお越しくださいませ。

会計時（飲食店）

再生リスト 3-27

001 ありがとうございます。

Aランチが1点、Bランチが1点、合計で2000円でございます。

002 はい。じゃ、これで。

003 はい。5000円お預かりします。

3000円のお返しとレシートでございます。

004 あ、そうだ。これ、まだ使えます？

005 え〜と、そちらの割引券は先週で終わってしまいました。

大変申し訳ございません。

本日から、こちらの割引券を差し上げております。

 006 ああ、そうなんだ。ありがとう。

 007 いえ。次回からお使いください。

ありがとうございました。またどうぞお越しくださいませ。

コラム3 「かねます言葉」（ビジネスマナー）

「かねます言葉」とは、日本のビジネスシーンでよく使われる敬語表現です。
　物事を否定する際に、あえて肯定表現を使って表すため、外国人にはなかなか理解されない表現でもあります。
　「かねます言葉」には「ハッキリ断ると相手が嫌な気持ちになるかもしれない」という、日本人独特の気遣い（相手への思いやり）が表れているのです。日本ならではのビジネスマナーです。

実践してみよう!!

新製品はいつ発売ですか？

申し訳ございませんが、私には、分かりかねます。

このカメラ、修理してほしいんだけど……

大変申し訳ございませんが、
私どもでは、対応できかねます。

これ、もっと安くなりませんか？

大変申し訳ございませんが、
こちらの商品のお値引きは致しかねます。

STEP 4

挑戦
ちょうせん

ボイスサンプル

―― **このステップの目標** ――

ここからはさらに難しくなります。
日本語の長文を読解し、それを読むことで、
「本当の日本語」を身に付けることができます。
簡単ではありませんが、挑戦してみましょう。

4-1 自己紹介

ポイント

初めて会う人に「自分がどんな人か」を伝えるのが、自己紹介です。
相手に良い印象を与える自己紹介をしましょう。

挑戦 実際にオリジナル文章を作成してみよう!!

再生リスト
4-01

日常パターン 001

はじめまして。私は（　ベトナム　）から参りました

（　ホアン　）といいます。（　1995　）年生まれの（　24　）歳です。

日本に来て、（　2年半　）になります。

趣味は（　読書をすること　）です。休みの日には、

（　好きな小説を読んだり　）しています。よろしくお願いします。

面接パターン 002

おはようございます。私は（　中国　）から参りました

（　オウ　）と申します。日本に来て2年半になります。

今、（朝陽日本語専門）学校の（　日本語　）学科に通っています。

しっかり勉強して、日本のビジネスシーンで活躍したいと考えて

おります。どうぞよろしくお願いいたします。

日常パターン

面接パターン

4-2 自己PR

ポイント

話す相手に「自分はどんなことが得意なのか」を伝えるのが、自己PRです。
相手に興味を持ってもらえるような自己PRをしましょう。

挑戦 実際の面接をイメージして、相手に自分の魅力を伝えよう‼

再生リスト
4-02

面接時のパターン（例文） 001

私は、学生時代から（①　サッカー　）をしておりました。

（②　体力　）には自信があります。日本語は、日本語学校で

2年間勉強していますが、まだまだ勉強不足ですので、

これからも一生懸命覚えていきたいと思います。周りの人からは

（③　熱心で、まじめだね　）と言われることが多いです。仕事に

対しては、皆さんと協力して、常に前向きに取り組んで

いきたいと考えております。どうぞよろしくお願いいたします。

実践してみよう‼

例文を参考に右のページにあなたらしい自己PR文章を作り発表してみましょう。
その際、①②③の部分に何を入れるかが個性を出すポイントです。

面接時のパターン

例題1　スピーチ

田中くんは、テニスが好きな青年です。スキーやスケート、

水泳も得意で、サーフィンやゴルフ、乗馬もこなしてしまいます。

まさにスポーツマンですね。ところで、皆さんは、どんな

スポーツをしていますか？　ジョギングでも、ラジオ体操でも、

何か続けていることがあったら教えてください。私は、子供の頃、

卓球を少しやっていましたが、残念ながら今は続けていません。

でも、お医者さんが言うには、健康のために何かひとつだけでも

スポーツを続けることが大切なのだそうです。好きなスポーツで

楽しんで、そして健康も手に入れていきましょう。

例題2 ニュース

002

今日の雲の様子です。大陸から速い速度で広がってきた上空の

薄い雲が、東北地方にかかってきました。西日本の南の海上に

厚い雲も増してきています。明日は、前線を伴った低気圧が

日本の南海上を通過する見込みです。一方、高気圧が朝鮮半島ま

で移動してきており、東日本や北日本を覆うでしょう。北海道で

は一日中晴れが続く見込みです。その他の地域は、曇りのところ

が多く、四国や山陰地方では少し晴れ間も期待できそうです。

例題3 　社内告知

003

社内納涼会のご案内です。

梅雨も明けて、いよいよ夏本番となって参りました。

日頃からの感謝の気持ちを込めて、今年も恒例の「納涼会」を

開催します。

業務に忙しい日々とは思いますが、皆様、奮って

ご参加くださいますようお願いいたします。

日時は、8月9日金曜日、18時スタートです。場所は、お隣の

銀座ホテルです。

参加ご希望の方は、7月30日までに申込用紙に名前を記入して、

総務部の山田まで提出してください。たくさんのご参加、

お待ちしています。

例題4　イベント告知　004

東京百貨店から楽しいイベントのお知らせです。東京百貨店では、

4月10日から5月30日まで、ショッピングセンター 8階

特設会場にてスペシャルイベント「日本のおもちゃ展」を

開催します。

輪投げ、けん玉、竹とんぼなど、昭和から現在までの伝統的な

日本のおもちゃを一堂に展示するほか、オープンスペースでは、

実際に使って遊ぶこともできます。入場は無料。時間は、

午前10時から午後5時までです。ご家族一緒に

ぜひお楽しみください。皆さまのお越しをお待ちしております。

送辞と答辞

再生リスト
4-04

「送辞」とは、卒業式で在校生の代表が卒業生に送る、はなむけの言葉で、
「答辞」とは、それに対する卒業生代表の言葉です。

代表に選ばれることはとても名誉なことですし、履歴書のアピールポイントにもなりますので、チャンスがあればぜひ挑戦してみてください。

送辞、答辞に共通するポイントと注意点をまとめました。

ポイント

○ できるだけ短く簡潔にまとめる。(1分半〜2分)

○ 一気に読み上げない。段落ごとに間を開ける。

○ 在校生、卒業生が聞いて共感できる題材を選ぶ。

○ ストレートな表現や言葉遣いの方が相手に伝わりやすい。

注意点

✕ 個人的なエピソードではみんなが共感できない。

✕ 読み上げる際、早口にならない。自分で少々ゆっくりかなと感じる
くらいのスピードで。

✕ 送辞は説教口調や上から目線の口調や言葉選びにならないように。

時候の挨拶の例文

時候の挨拶とは季節や気温に触れた、出だしの挨拶の部分です。例文を参考に作成する場合は、その年の気温や季節の状況に合わせて文章を変えたほうが良いです。また地域によっては雪が多いところもあれば、少ないところもあったり、雪が多い年や少ない年など変動もありますので、時候の挨拶はその年の気候や季節の特徴をとらえた文章に変えることをオススメします。

●草木もようやく長い冬の眠りから覚め、生命の息吹が感じられる季節になりました。

●桜前線が上昇し、春の足音が徐々に近づいています。

●青く澄んだ空から柔らかい光が降りてきて、大地が暖かくなり若草は萌え、桜のつぼみが膨らむ今日の良き日に〜

●空を飛び交う小鳥のさえずり。暖かい春の光。今にも開こうとしている校庭の桜のつぼみ。その全てが皆様の旅立ちを祝っているかのようです。

●肌を刺すような冷たい外気がいつの間にか和らぎ、吹く風にも春のおとずれを感じるようになりました。

●頬を伝わる風が和らぎ、日ごとに春めいてきました。外はあいにくの雨ですが、卒業生の皆さんの笑顔が会場いっぱいに輝いて

127

例題5　送辞

送辞

草木もようやく長い冬の眠りから覚め、生命の息吹が感じられる
季節になりました。このような佳き日に皆様がご卒業を
迎えられましたことを在校生一同、心からお祝い申し上げます。
今、皆様はこの＿＿朝陽日本語専門＿＿学校での＿2＿年間をどのように
振り返っていらっしゃるでしょうか。きっと様々な思い出が頭に
浮かんでいることでしょう。そして新たな生活への期待で胸は
いっぱいになっていることでしょう。私たち在校生にも先輩方と
共に過ごした数々の思い出が蘇ってまいります。今、先輩方は
未来へと羽ばたこうとしていらっしゃいます。それぞれ道は
違えど、＿＿朝陽日本語専門＿＿学校で学んだことは先輩方の礎と
なっていることでしょう。皆様の未来が夢と希望で満ち溢れている
ことを、在校生一同、心からお祈り申し上げます。卒業後も時には
母校に顔を出し元気なお姿を見せてください。先輩方皆様の
これからのご活躍を心からお祈りし、送辞とさせていただきます。

＿＿2020＿＿年＿3＿月＿11＿日
在校生代表
＿＿＿＿村田めぐみ＿＿＿＿＿（自分の氏名）

例題6　答辞

002

答辞

春もたけなわな今日このごろ。本日はこのように盛大な式典を催して

いただけたことに深くお礼を申し上げます。振り返れば　2　年前、

私たちはまだ名前も知らない仲間たちと共にこれから始まる

学校生活に大きな期待と、それと同じくらいの不安を抱き

入学致しました。この　2　年間、先生方にご指導いただき、私たちは

多くを学び、多くの知恵を得ることができました。また仲間たちとは、

共に勉学に励み、時には遊び、人生でかけがえのない時間を

過ごすことができました。私たちが無事に学校生活を

送ってこられたのは、先生方をはじめとして、事務教員の方、多くの

方々のおかげだと感謝しております。心よりお礼申し上げます。

卒業を迎える私たちにとって仲間との別れはつらいですが、

また新しい出会いが待っています。これからは　朝陽日本語専門　学校で

学んだ教養を活かし、糧とし、未来へと立ち向かっていきたいと

思っております。最後になりましたが、　朝陽日本語専門　学校が

これからも素晴らしい歴史を刻んでゆかれますことをお祈りして

答辞とさせていただきます。

　2020　年　3　月　11　日

卒業生代表

　　　内村圭祐　　　　　（自分の氏名）

129

4-4 プレゼンテーション　再生リスト 4-05

例題1　結婚式の司会

―――― 新郎新婦入場 ――――

ご両家の皆様、ご列席の皆様、本日はお二方の結婚ご披露宴に

お越しくださいまして、誠にありがとうございます。

本日主役のお二方、ご入場の準備が整ったようでございます。

それでは扉にご注目いただきましょう。

新郎新婦、ご入場です。皆様、盛大な拍手でお迎えください。

おめでとうございます！

皆様の祝福の中、笑顔でご入場されましたお二方、

メインテーブルにご到着でございます。

いまいちど盛大な拍手をお送りください。

本日は朝から雲ひとつない青空が広がり、お二方の門出を

祝福しているようでございます。それでは皆様の祝福の中、

ただいまより、新郎鈴木たかし様、新婦佐藤よしみ様の、

結婚ご披露宴をはじめさせていただきます。

お開き

ここに、さわやかな新しいご夫妻が誕生されました。それでは、

新ご夫妻の今後のお幸せと、ご列席いただきました皆様の

お幸せを祈りながら、本日の結婚ご披露宴、

お開きとさせていただきます。本日は誠におめでとうございます。

新郎新婦、ご両親様は、一足お先に、お開き口へお進みになります。

どうぞ、皆様、本日一番の拍手でお送りください。

おめでとうございます!!

例題2　社内プレゼン

002

今日は「お客様のニーズをつかむ方法」についてお話しします。

私たち営業は、お客様が本当は何を求めてお店に

来られているかを知ることが必要です。

なぜなら、本当に求めているものを、お客様自身が

分かっていないことがあるからです。

以前こんなお客様が来店しました。

そのお客様は8人乗りのワゴン車を探しに来られました。話を

伺うと、旦那様、奥様、お子様3人、おじい様、おばあ様の

計7人の家族構成で、「全員乗れる車が欲しい」ということでした。

ところが、詳しく話を聞いてみると、家族全員で車に乗る機会は

年に1回か2回。その他は、旦那様が週末お一人でゴルフに

行かれる、もしくは奥様がお子様を乗せての塾の送り迎えが

132

メインということが分かりました。

また、一番気にされていたのがガソリン代で、特に、日常の

買い物やお子様の塾の送り迎えで、ガソリン代が

相当かかっているということも分かりました。

そこで、最終的に私がおすすめしたのは、5人乗りの

ハイブリッド型のセダン車でした。当初のご希望とは

変わりましたが、ご家族全員で出かける際はレンタカーを

利用することもできますので、お客様が一番気にされていた

燃料費を考えてのご提案でした。実際に、お客様からも

「話をちゃんと聞いてくれたおかげで、無駄な買い物をせずに

済んだ」と喜んでいただきました。

お客様の求めていることをしっかりと聞き取ること、それが、

お客様のニーズをつかむ方法と私は考えます。

コラム4 「ういろう売り」

再生リスト 4-06

「ういろう売り」とは

1718年、二代目市川團十郎によって初演された歌舞伎十八番の一つです。現在は十二代目團十郎が復活させたものが上演されていて、演じると8分程度かかります。

漢字の読みやアクセントは数種類あり、どこから引用したかによって異なってきます。

（例：一粒＝「いちりゅう」「ひとつぶ」、舌＝「した」「ぜつ」、唇＝「しん」「くちびる」など）

また、外郎とは元来、小田原の外郎家が製造・販売する薬を指し、和菓子のういろうは、その口直しのために出されたと伝えられています。

001
拙者親方と申すは、お立会の中に、
御存じのお方もござりましょうが、
お江戸を発って二十里上方、
相州小田原一色町をお過ぎなされて、
青物町を登りへおいでなさるれば、
欄干橋虎屋藤衛門、
只今は剃髪致して、円斉と名のりまする。
元朝より、大晦日まで、お手に入れまする此の薬は、
昔ちんの国の唐人、外郎という人、わが朝へ来たり、
帝へ参内の折りから、
この薬を深く籠め置き、
用ゆる時は一粒ずつ、
冠のすき間より取り出だす。
よってその名を帝より、透頂香と賜わる。
即文字には「頂き、透く、香い」と書いて「透頂香」と申す。
只今はこの薬、殊の外、世上に弘まり、
方々に偽看板を出だし、
イヤ、小田原の、灰俵の、さん俵の、炭俵のと、
いろいろに申せども、
平仮名をもって「ういろう」と記せしは、親方円斉ばかり。
もしやお立会いの中に熱海か塔の沢へ、湯治にお出なさるるか、
または伊勢御参宮の折からは、
必ず門違なされますするな。
お上ならば右の方、お下りなれば左側、
八方が八つ棟、表が三つ棟玉堂造り。
破風には菊に桐のとうの御紋を御赦免あって、

系図正しき薬でござる。
イヤ最前より家名の自慢ばかり申しても、
ご存知ない方には、正身の胡椒の丸呑み、
白河夜船、さらば一粒食べかけてその気味合いをお目にかけましょう。
先ずこの薬をかように一粒舌の上にのせまして、
腹内へ納めますするとイヤどうも言えぬは、
胃・心・肺・肝がすこやかになりて
薫風咽より来たり、口中微涼を生ずるが如し。
魚鳥・茸・麺類の食い合わせ、その外、万病速効ある事神の如し。
さて、この薬、第一の奇妙には、
舌のまわることが、銭独楽がはだして逃げる。
ひょっと舌がまわり出すと、矢も楯もたまらぬじゃ。
そりゃそりゃ、そらそりゃ、まわってきたわ、まわってくるわ。
アワヤ咽、サタラナ舌に、カ牙サ歯音、
ハマの二つは唇の軽重、開合さわやかに、
あかさたなはまやらわ、おこそとのほもよろお。
一つへぎへぎに　へぎほし　はじかみ　盆豆　盆米　盆ごぼう、
摘み蓼　つみ豆　つみ山椒、書写山の社僧正、
粉米のなまがみ　粉米のなまがみ　こん粉米の小生がみ、
繻子・ひじゅす・繻子・繻珍、
親も嘉兵衛　子も嘉兵衛、親かへい子かへい　子かへい親かへい、
古栗の木の古切口、雨合羽か番合羽か、
貴様のきゃはんも皮脚絆、我等がきゃはんも皮脚絆、

しっ皮袴のしっぽころびを、三針はり長にちょと縫うて、

ぬうてちょとぶんだせ、

河原撫子 野石竹、のら如来 のら如来 三のら如来に六のら如来。

一寸先のお小仏に おけつまずきゃるな、細溝にどじょによろり。

京の生鱈 奈良生学鰹、ちょと四五貫目、

お茶立ちょ茶立ちょちゃっと立ちょ茶立ちょ、

青竹茶筌でお茶ちゃと立ちょ。

来るは来るは何が来る、高野の山の おこけら小僧、

狸百匹 箸百膳 天目百杯 棒八百本。

武具・馬具・ぶぐ・ばぐ・三ぶぐばぐ、合わせて武具・馬具・六ぶぐばぐ、

菊・栗・きく・くり・三菊栗、合わせて菊・栗・六菊栗、

麦・ごみ・むぎ・ごみ・三むぎごみ、合わせてむぎ・ごみ・六むぎごみ。

あの長押の長薙刀は、誰が長薙刀ぞ。

向こうの胡麻がらは、荏のごまがらか、真ごまがらか、

あれこそほんの真胡麻殻。

がらぴいがらぴい風車、おきゃがれこぼし おきゃがれ小法師、

ゆんべもこぼして 又こぼした。

たあぷぽぽ、たあぷぽぽ、ちりから、ちりから、つったっぽ、

たっぽたっぽ一丁だこ、落ちたら煮て食お、

煮ても焼いても食わぬ物は、五徳、鉄弓・かな熊童子に、

石熊・石持ち・虎熊・虎きす、

中にも 東寺の羅生門には 茨木童子がうで栗五合 つかんでお蒸しゃる。

彼の頼光の膝元去らず。

鮒・金柑・椎茸、さだめて後段な、

そば切り、そうめん、うどんか、愚鈍な小新発知、

小棚の、小下の、小桶に、こ味噌が、こ有るぞ、

小杓子、こ持って、

こ掬って、こよこせ、おっと合点だ、心得たんぼの川崎、

神奈川、程ガ谷、戸塚は、走って行けば灸を摺りむく、

三里ばかりか、藤沢、平塚、大磯がしや、

小磯の宿を七ツ起きして、早天早々相州小田原とうちん香、

隠れござらぬ貴賎群衆の、花のお江戸の花ういろう、

あれあの花を見てお心を、おやわらぎゃっという。

産子、這う子に至るまで、此の外郎の御評判、ご存知ないとは申されまい。

まいつぶり、角出せ、棒出せ、ぼうぼうまゆに、

臼・杵・すりばち、ばちばちぐわらぐわらと、

羽目を弛して今日お出での何茂様に、上げねばならぬ売らねばならぬと、

息勢引っぱり、東方世界の薬の元締め、薬師如来も照覧あれと、

ホホ敬って、ういろうは、いらっしゃいませぬか。

「ういろう売り」が教材として使われる理由

　「ういろう売り」と言えば、その舞台の中に出てくる外郎売の長いセリフのことを指すことが多く、日本では俳優や声優、アナウンサー等が暗唱し、発声や滑舌の練習に使っています。

　話の内容は、話し手が、これから売る薬（ういろう）の効能、それにまつわる由来を語るというものです。営業マンが商品を売るときのように、話し手は感情やテンションを変化させながら、様々な言葉で薬のすばらしさを説いていきます。その興奮と勢いをしっかりと演じようとすると、かなりの体力と表現力が必要となり、演技力も鍛えられるのです。さらに、「ういろう売り」の台詞の中には、早口言葉（のようなもの）まで含まれているので、滑舌の練習も兼ねることができます。

　「ういろう売り」は、発声・発音・滑舌・表現力の総合教材ともいえるのです。

著者

祖父江 好美 （Yoshimi Sofue）

名古屋芸術大学音楽学部声楽科卒業後、ミュージカル劇団に入団。退団後は司会者を経て、Cheers株式会社の取締役に就任。ミュージカル指導、ボイストレーナーとして精力的に活動する傍ら、2010年から開始した「音感とリズム感を用いた日本語発声手法」が人気を博し、今までに高校・専門学校・大学の2,000人以上のアジア系留学生に対して日本語教育を実施。他、演劇を活用した実践的なコミュニケーション・トレーニング研修の実績多数。

市村 啓二 （Keiji Ichimura）

俳優、演出家、脚本家。俳優として磨いた発声・滑舌・表現法を用いてボイストレーナー、スピーチトレーナーとして活動。幼稚園生、小中高校生、社会人、シニアと幅広い年代を対象にこれまで5,000人以上を指導し、個々が抱える悩みを解消してきた。また外国人専門学校にて日本語講師を務める。「説得力のある言葉の習得」を目標に面接から日常会話に至るまで実践的で実用的な日本語を指導。脚本家として「日本語特有のニュアンス」を大切に伝え、演出家として「個性を見極める」指導法には定評があり、受講生アンケートの満足度は常に90％を超える。

渕本 恵美子 （Emiko Fuchimoto）

フリーアナウンサー。MC・司会の他、企業研修やセミナー講師として人材育成に携わる。「話す」現場で得た知識・スキルをもとに、相手の目線に合わせた「実践型講義」が好評。アジア系留学生を対象とした「ボイストレーニング」授業では、二度聞きされない「日本人に伝わる日本語」の発声・発音を指導。年間研修回数は約200回、受講人数は延べ60,000人を超える。

学べる！ 伝わる！ すぐに使える！
日本語トレーニング BOOK

2019年9月20日　第1版　第1刷発行

著　者●祖父江好美・市村啓二・渕本恵美子
編著者●株式会社　東京リーガルマインド

発行所●株式会社　東京リーガルマインド
　　　　〒164-0001　東京都中野区中野4-11-10
　　　　　　　　　　アーバンネット中野ビル
　　　　　　　　☎03(5913)5011(代　表)
　　　　　　　　☎03(5913)6336(出版部)
　　　　　　　　☎048(999)7581(書店様用受注センター)
　　　　振　替　00160-8-86652
　　　　www.lec-jp.com/

本文フォーマット・組版●株式会社リリーフ・システムズ
カバーイラスト●cienpies/PIXTA（ピクスタ）
本文イラスト●小牧良次／長野亨
印刷・製本●図書印刷株式会社

©2019 TOKYO LEGAL MIND K.K., Printed in Japan　　ISBN978-4-8449-9765-8
複製・頒布を禁じます。
本書の全部または一部を無断で複製・転載等することは，法律で認められた場合を除き，著作者
及び出版者の権利侵害になりますので，その場合はあらかじめ弊社あてに許諾をお求めください。
なお，本書は個人の方々の学習目的で使用していただくために販売するものです。弊社と競合す
る営利目的での使用等は固くお断りいたしております。
落丁・乱丁本は，送料弊社負担にてお取替えいたします。出版部までご連絡ください。

LEC Webサイト ▷▷▷ www.lec-jp.com/

情報盛りだくさん！

資格を選ぶときも、
講座を選ぶときも、
最新情報でサポートします！

▷ 最新情報
各試験の試験日程や法改正情報、対策講座、模擬試験の最新情報を日々更新しています。

▷ 資料請求
講座案内など無料でお届けいたします。

▷ 受講・受験相談
メールでのご質問を随時受付けております。

▷ よくある質問
LECのシステムから、資格試験についてまで、よくある質問をまとめました。疑問を今すぐ解決したいなら、まずチェック！

▷ 書籍・問題集（LEC書籍部）
LECが出版している書籍・問題集・レジュメをこちらで紹介しています。

充実の動画コンテンツ！

ガイダンスや講演会動画、
講義の無料試聴まで
Webで今すぐCheck！

▷ 動画視聴OK
パンフレットやWebサイトを見てもわかりづらいところを動画で説明。いつでもすぐに問題解決！

▷ Web無料試聴
講座の第1回目を動画で無料試聴！気になる講義内容をすぐに確認できます。

スマートフォン・タブレットからはQRコードでのアクセスが便利です。▷▷▷

自慢のメールマガジン配信中！（登録無料）

LEC講師陣が毎週配信！ 最新情報やワンポイントアドバイス、改正ポイントなど合格に必要な知識をメールにて毎週配信。

www.lec-jp.com/mailmaga/

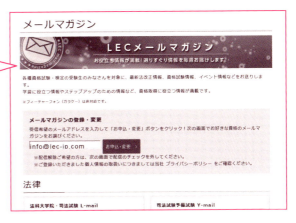

LEC E学習センター

新しい学習メディアの導入や、Web学習の新機軸を発信し続けています。また、LECで販売している講座・書籍などのご注文も、いつでも可能です。

online.lec-jp.com/

LEC電子書籍シリーズ

LECの書籍が電子書籍に！ お使いのスマートフォンやタブレットで、いつでもどこでも学習できます。

※動作環境・機能につきましては、各電子書籍ストアにてご確認ください。

www.lec-jp.com/ipad/

LEC書籍・問題集・レジュメの紹介サイト **LEC書籍部** www.lec-jp.com/system/book/

- LECが出版している書籍・問題集・レジュメをご紹介
- 当サイトから書籍などの直接購入が可能（*）
- 書籍の内容を確認できる「チラ読み」サービス
- 発行後に判明した誤字等の訂正情報を公開

＊商品をご購入いただく際は、事前に会員登録（無料）が必要です。
＊購入金額の合計・発送する地域によって、別途送料がかかる場合がございます。

※資格試験によっては実施していないサービスがありますので、ご了承ください。

LEC全国学校案内

＊講座のお問合せ、受講相談は最寄りのLEC各校へ

LEC本校

■関東

渋谷駅前本校　☎03(3464)5001
〒150-0043 東京都渋谷区道玄坂2-6-17　渋東シネタワー

池　袋本校　☎03(3984)5001
〒171-0022 東京都豊島区南池袋1-25-11　第15野萩ビル

水道橋本校　☎03(3265)5001
〒101-0061 東京都千代田区神田三崎町2-2-15
Daiwa三崎町ビル

新宿エルタワー本校　☎03(5325)6001
〒163-1518 東京都新宿区西新宿1-6-1　新宿エルタワー

早稲田本校　☎03(5155)5501
〒162-0045 東京都新宿区馬場下町62　三朝庵ビル

中　野本校　☎03(5913)6005
〒164-0001 東京都中野区中野4-11-10　アーバンネット中野ビル

立　川本校　☎042(524)5001
〒190-0012 東京都立川市曙町1-14-13　立川MKビル

町　田本校　☎042(709)0581
〒194-0013 東京都町田市原町田4-5-8　いちご町田イーストビル

新　橋本校　☎03(5510)9611
〒105-0004 東京都港区新橋2-14-4　マルイト新橋レンガ通りビル

大　宮本校　☎048(740)5501
〒330-0802 埼玉県さいたま市大宮区宮町1-24　大宮GSビル

横　浜本校　☎045(311)5001
〒220-0004 神奈川県横浜市西区北幸2-4-3　北幸GM21ビル

千　葉本校　☎043(222)5009
〒260-0015 千葉県千葉市中央区富士見2-3-1　塚本大千葉ビル

■北海道・東北

札　幌本校　☎011(210)5002
〒060-0004 北海道札幌市中央区北4条西5-1　アスティ45ビル

仙　台本校　☎022(380)7001
〒980-0021 宮城県仙台市青葉区中央3-4-12
仙台SSスチールビルⅡ

■北陸

富　山本校　☎076(443)5810
〒930-0002 富山県富山市新富町2-4-25　カーニープレイス富山

■東海

静　岡本校　☎054(255)5001
〒420-0857 静岡県静岡市葵区御幸町3-21　ペガサート

名古屋駅前本校　☎052(586)5001
〒450-0002 愛知県名古屋市中村区名駅3-26-8
KDX名古屋駅前ビル

■関西

京都駅前本校　☎075(353)9531
〒600-8216 京都府京都市下京区東洞院通七条下ル東塩小路町680-2
木村食品ビル

梅田駅前本校　☎06(6374)5001
〒530-0013 大阪府大阪市北区茶屋町1-27　ABC-MART梅田ビル

難波駅前本校　☎06(6646)6911
〒542-0076 大阪府大阪市中央区難波4-7-14　難波フロントビル

神　戸本校　☎078(325)0511
〒650-0021 兵庫県神戸市中央区三宮町1-1-2　三宮セントラルビル

■中国・四国

岡　山本校　☎086(227)5001
〒700-0901 岡山県岡山市北区本町10-22　本町ビル

広　島本校　☎082(511)7001
〒730-0011 広島県広島市中区基町11-13　合人社広島紙屋町アネクス

山　口本校　☎083(921)8911
〒753-0814 山口県山口市吉敷下東 3-4-7　リアライズⅢ

松　山本校　☎089(947)7011
〒790-0012 愛媛県松山市湊町3-4-6　松山銀天街GET！

高　松本校　☎087(851)3411
〒760-0023 香川県高松市寿町2-4-20　高松センタービル

■九州・沖縄

福　岡本校　☎092(715)5001
〒810-0001 福岡県福岡市中央区天神1-10-13　天神MMTビル

那　覇本校　☎098(867)5001
〒902-0067 沖縄県那覇市安里2-9-10　丸姫産業第2ビル

【LEC公式サイト】www.lec-jp.com/ QRコードからかんたんアクセス！

LEC提携校

＊提携校はLECとは別の経営母体が運営をしております。
＊提携校は実施講座およびサービスにおいてLECと異なる部分がございます。

■ 関東

水戸見川校【提携校】 ☎029(297)6611
〒310-0912　茨城県水戸市見川2-3079-5
パソコン教室パソコンくらぶ彩（いろどり）内

熊谷筑波校【提携校】 ☎048(525)7978
〒360-0037　埼玉県熊谷市筑波1-180　ケイシン内

所沢校【提携校】 ☎050(6865)6996
〒359-0037　埼玉県所沢市くすのき台3-18-4　所沢K・Sビル
合同会社LPエデュケーション内

東京駅八重洲口校【提携校】 ☎03(3527)9304
〒103-0027　東京都中央区日本橋3-7-7　日本橋アーバンビル
グランデスク内

日本橋校【提携校】 ☎03(6661)1188
〒103-0025　東京都中央区日本橋茅場町2-5-6　日本橋大江戸ビル
株式会社大江戸コンサルタント内

新宿三丁目駅前校【提携校】 ☎03(3527)9304
〒160-0022　東京都新宿区新宿2-6-4　KNビル　グランデスク内

■ 北海道・東北

北見駅前校【提携校】 ☎0157(22)6666
〒090-0041　北海道北見市北1条西1-8-1　一燈ビル　志学会内

八戸中央校【提携校】 ☎0178(47)5011
〒031-0035　青森県八戸市寺横町13　第1朋友ビル　新教育センター内

弘前校【提携校】 ☎0172(55)8831
〒036-8093　青森県弘前市城東中央1-5-2
まなびの森　弘前城東予備校内

秋田校【提携校】 ☎018(863)9341
〒010-0964　秋田県秋田市八橋鯲沼町1-60
株式会社アキタシステムマネジメント内

■ 北陸

新潟校【提携校】 ☎025(240)7781
〒950-0901　新潟県新潟市中央区弁天3-2-20　弁天501ビル
株式会社大江戸コンサルタント内

金沢校【提携校】 ☎076(237)3925
〒920-8217　石川県金沢市近岡町845-1　株式会社アイ・アイ・ピー金沢内

福井南校【提携校】 ☎0776(35)8230
〒918-8114　福井県福井市羽水2-701　株式会社ヒューマン・デザイン内

■ 東海

沼津校【提携校】 ☎055(928)4621
〒410-0048　静岡県沼津市新宿町3-15　萩原ビル
M-netパソコンスクール沼津校内

浜松駅西校【提携校】 ☎0120(967)110
〒432-8031　静岡県浜松市中区平田町103　ターミナルハイツ
A-GOOD ITスクール内

■ 関西

滋賀草津駅前校【提携校】 ☎077(567)4010
〒525-0037　滋賀県草津市西大路町2-2　西田ビル
キャリアプラザビット内

名張校【提携校】 ☎0595(62)2230
〒518-0605　三重県名張市八幡1300-13
名張八幡工業団地管理センター　まなびとステーション名張内

和歌山駅前校【提携校】 ☎073(402)2888
〒640-8342　和歌山県和歌山市友田町2-145
KEG教育センタービル　株式会社KEGキャリア・アカデミー内

■ 中国・四国

松江殿町校【提携校】 ☎0852(31)1661
〒690-0887　島根県松江市殿町517　アルファステイツ殿町
山路イングリッシュスクール内

岩国駅前校【提携校】 ☎0827(23)7424
〒740-0018　山口県岩国市麻里布町1-3-3　岡村ビル　英光学院内

新居浜駅前校【提携校】 ☎0897(32)5356
〒792-0812　愛媛県新居浜市坂井町2-3-8　パルティフジ新居浜駅前店内

■ 九州・沖縄

佐世保駅前校【提携校】 ☎0956(22)8623
〒857-0862　長崎県佐世保市白南風町5-15　智翔館内

日野校【提携校】 ☎0956(48)5935
〒858-0925　長崎県佐世保市椎木町336-1　智翔館内

長崎駅前校【提携校】 ☎095(895)5917
〒850-0057　長崎県長崎市大黒町10-10　KoKoRoビル
minatoコワーキングスペース内

宮崎校【提携校】 ☎0985(78)4111
〒880-0805　宮崎県宮崎市橘通東2-4-6　古賀ビル　合同会社花見内

鹿児島中央駅前校【提携校】 ☎099(206)3161
〒890-0053　鹿児島県鹿児島市中央町3-36　西駅MNビル
株式会社KEGキャリア・アカデミー内

沖縄プラザハウス校【提携校】 ☎098(989)5909
〒904-0023　沖縄県沖縄市久保田3-1-11
プラザハウス　フェアモール　有限会社スキップヒューマンワーク内

※上記は2019年8月1日現在のものです。

お問合せ窓口

書籍・講座・資料のお問合せ・お申込み

○ **LECコールセンター** （通学講座のお申込みは、最寄りの各本校にて承ります）

☎ 0570-064-464

受付時間　平日 9:30～20:00　土・祝 10:00～19:00　日 10:00～18:00

※このナビダイヤルは通話料お客様ご負担となります。
※固定電話・携帯電話共通（一部のPHS・IP電話からのご利用可能）。
※LECの講座は全国有名書店や、大学内生協・書籍部でも受付しております。受付店舗についてはLECコールセンターへお問合せください。
※書店様のご注文・お問合せは、下記の**(書店様専用)受注センター**で承ります。

○ **LEC公式サイト**

www.lec-jp.com/

※書籍・講座のお申込みについてはLEC公式サイトにある「書籍・レジュメ購入」および「オンライン申込」から承ります。

QRコードから
かんたんアクセス！

○ **LEC各本校** （「LEC全国学校案内」をご覧ください）
○ **(書店様専用)受注センター** （読者の方からのお問合せは受け付けておりませんので、ご了承ください）

☎ 048-999-7581　Fax 048-999-7591

受付時間　月～金　9:00～17:00　土・日・祝休み

書籍の誤字・誤植等の訂正情報について

○ **LEC書籍の訂正情報WEBサイト** （発行後に判明した誤字・誤植等の訂正情報を順次掲載しております）

www.lec-jp.com/system/correct/

※同ページに掲載のない場合は、「お問い合わせ」（www.lec-jp.com/system/soudan/）の各種フォームよりお問い合わせください。

なお、**訂正情報に関するお問い合わせ以外の書籍内容に関する解説や受験指導等は一切行っておりません**。また、お電話でのお問い合わせはお受けしておりませんので、予めご了承ください。

LECの取扱資格・検定一覧

法律系　司法試験／予備試験／法科大学院／司法書士／行政書士／弁理士／知的財産管理技能検定®／米国司法試験

公務員系　国家総合職・一般職／地方上級／外務専門職／国税専門官／財務専門官／労働基準監督官／裁判所事務官／家庭裁判所調査官補／市役所職員／理系（技術職）公務員／心理・福祉系公務員／警察官・消防官／経験者採用／高卒程度公務員

簿記・会計系　公認会計士／税理士／日商簿記／ビジネス会計検定試験®／給与計算検定

労務・キャリア系　社会保険労務士／FP（ファイナンシャルプランナー）／キャリアコンサルタント／貸金業務取扱主任者／年金アドバイザー／人事総務検定／労働時間適正管理者検定／特定社労士／マイナンバー管理アドバイザー

不動産系　宅地建物取引士（旧・宅地建物取引主任者）／不動産鑑定士／マンション管理士／管理業務主任者／土地家屋調査士／測量士補／民泊適正管理主任者／ADR調停人研修／住宅ローン診断士／土地活用プランナー／競売不動産取扱主任者／ホームインスペクター

福祉・医療系　保育士／社会福祉士／精神保健福祉士／公認心理師／心理カウンセラー／ケアマネジャー／登録販売者

ビジネス実務系　通関士／中小企業診断士／ビジネスマネジャー検定試験®／秘書検定／ビジネス実務法務検定試験®

IT・情報・パソコン系　ITパスポート／MOS試験

電気・技術系　QC検定

※上記に掲載されていない資格・検定等でも、LECで取り扱っている場合があります。詳細はLEC公式サイトをご覧ください。

企業研修
■人材開発・キャリア開発サポート
企業内での集合研修や
eラーニング・通信教育の
企画提案・提供
partner.lec-jp.com/

人材サービス
■プロキャリア事業部
資格や学習知識を活かした
就職・転職をサポート
東京オフィス
☎03-5913-6081
大阪オフィス
☎06-6374-5912
lec-procareer.jp/

LECグループ
■子育て支援
株式会社プロケア
保育所「ちゃいれっく」の
経営や、学童クラブ・児
童館・一時預かり保育施
設の受託運営
procare.co.jp/

■事務所作りをトータル
サポート　株式会社輪法
合格後の独立開業を
バックアップ
☎03-5913-5801
rinpou.com/

■専門士業のワンストップサービス
士業法人グループ
新たな士業ネットワーク構築と
独立支援・実務能力の養成をめざす
社会保険労務士法人LEC（エル・イー・シー）
司法書士法人法思
税理士法人LEC（エル・イー・シー）
弁護士法人LEC（エル・イー・シー）